生きるとは

悩める人に届けたい
34のメッセージ

大塚日正
Otsuka Nissho

大法輪閣

はじめに

私が、宗教月刊誌「大法輪《だいほうりん》」とご縁を結ばせていただいたのは、当誌の平成二十年・第五号発刊の時です。

その時の拙文が「共に生きる」でした。その後、平成二十二年にリレーコラム「仏教の眼」と題した一文を掲載するよう、要請をいただきました。

以来、平成三十年に至る約十年にわたり、拙文を掲載させていただきました。

「仏教の眼」とは「現代の問題点を仏教者の視点から見た時、どのような考え、意見があるか」ということでした。もとより私には、ご要望に応えられるだけの力量はありませんが、これも勉強、と我が心に鞭打ち、お受けした次第です。

以来十年、多くを学び、修行の機会を得たこと、この上ない喜びとするものであります。四苦八苦しながらでしたが、私なりに「今を生きる私たち、未来を生きる次世代の人たちにとり、何が大切か、どうあるべきか、いかに生きるか」に重点をおいて書かせていただきました。

私は毎年、新年初頭に、その年一年の心構え、指針を信徒に出しています。否、むしろこの一年、どうあるべきかについて私自身に問いかけるものです。平成三十年の指針は「苦に怯《ひる》まず　楽に驕《おご》らず　一心に歩む」です。至極当たり前のことです。しかし、当たり前のことが当たり前にできないのが、人間の悲しさ。いかに苦しかろうが、怯まず、負けず、いかに楽に会おうとも驕らず、慢心せず、一心に我が道を歩もうではないか、ということです。

新しい年を迎える度に、心新たに「今年こそ良い年であるように」と願い、頑張ろうと誓う。幸せな一年でありたい、と望んではみるものの、思いがけずに不

はじめに

幸、苦しみ、悲しみの波に襲われる。挫折を味わうということもあるものです。人生とは、こういうもの。反対に、良いことが続くと、知らず知らずの内に慢心、謙虚さを失う。そこに油断が生じ、有頂天となる。その結果、我を忘れ気が付いた時には奈落の底、ということになります。有頂天とは、天に上りつめるような得意絶頂の状態。奈落とは、地獄と同じ意味。共に仏教用語です。

人の世というものは、思うようにいかないものです。ただ言えることは、苦も楽も表裏一体。楽に甘んじれば苦に転じ、苦に打ち克てば楽に転じる。

大切なことは、心一つで苦も楽となり、楽も苦となる。全て心の用い方一つということです。つまるところは、私たちにとって心の問題が大きな比重を占めている、ということではないでしょうか。

良くも悪くも、心のありようが、人に、人生に大きな影響を与えます。

従って、コラムでは「心のありかた」を中心に述べてみました。

◇

お釈迦《しゃか》さまが説かれた経典に『法句経《ほっくきょう》』があります。

滅後、百五十年~二百年ほどに、初めて文字（パーリ語）で書かれた経典です。

「心ある人は、この欲、かの欲に愁《うれ》い、嘆《なげ》かず、幸福《たのしみ》にあうも、また苦しみにあうも　心ある人は、その思いうかぶことなく　その思い沈むことなく」

と、説かれています。

――心ある人、徳を積んだ人は、あれこれ徒《いたずら》に欲に囚われ、嘆いたりしない。心ある人は、幸せにあっても驕《おご》らず、苦しみにあってもとらわれず、思い沈むことはない――

ということです。

◇

悲しみ、喜び、苦しみ、楽しみは世の常。いかに悲しみ、苦しみがあろうとも、めげることなく。喜び、楽しみにあっても、有頂天にならず。いかなることがあろうとも、淡々と力強く生きることのできる人間でありたいものです。

同じく法句経に、

「心ほど、不思議なものは無い。親や親戚もしてくれないほどの慈しみを人に及ぼすことが出来る。また、他のどんなものよりも、為《な》し得《え》ないほどの残酷なことも心は考える。心は不思議である」

と、説かれています。

心がいかに大事か、ということです。

科学も政治も経済も教育も、動かすのは人間。人間が動かす以上、心そのものが重要な役割を果たすことは当然です。医学、科学技術がいくら進歩しても、それを用いるのは人間ですから、やはり心は大事なのです。

コラムを書くに当たって、このことに力点を置きました。

人間、かくあるべき。苦難に遭《お》うた時、いかに対処するか。幸せとは？

いかに生きるか、いかに死を迎えるか。すべて、心のありようにつながってきます。

私は、今日までの歩みの中で、多くの方にお会いしました。多くの信徒に会いました。出会いを通じて、多くを学びました。共に苦しみ、悲しむ。時に励まし、励まされ。喜び合う。

人々と共に歩む中で、得たものはやはり、心が大事、ということでした。

従って、十年間にわたりこうした心のありようについて述べてまいりました。

この度、一冊の本にまとめるにあたり「生きるとは」と題しました。

もとより、浅学非才の私です。拙く、しかも難しいことは書けませんでした。

どうか、私の意とするところをお汲み取りいただいた上でお読みいただければ光栄です。

生きるとは

目次

第二章　いのちを想う

第三章

●装幀／山本 太郎

第一章　より良き世界のために

共に生きる

◆大統領への手紙

昔、人は常に自然と共に暮らし、歩んできました。朝日が昇ると共に働き始め、日が沈むと一日の仕事を終えます。時には月の明かり、星の明かりの下、夜なべ作業に勤《いそ》しんだこともありました。四季折々の素晴らしい景色の移り変わりの中、人々は常に自然と共に生きていました。そうして、豊かな、感性溢《あふ》れる心を育《はぐく》んで来たのです。

一八五四年、第十四代アメリカ大統領フランクリン・ピアースは、ネイティブ・アメリカンの土地を買収し、居留地《きょりゅうち》を与えると申し出ました。酋長《しゅうちょう》シアトルはこの条約に署名しましたが、その時に大統領に宛《あ》てた酋長の手紙を紹介します。

「この地球のすべてのものは、私たちにとって神聖なものです。輝く松葉、浜辺の砂、暗い森を覆《おお》う霧、あらゆる草原、そしてあらゆる虫たちの音……、すべては私たちにとり神聖です。

木の中を流れる樹液は、私たち赤き人々の記憶を脈々と伝えているのです。川を流れる輝きの水は私たちの先祖の血。水のささやきは私たちの祖父の声。川は私たち

酋長シアトル

の兄弟。渇きを癒《いや》してくれます。川はカヌーを運び、子供たちに食物を与えてくれます。川は私たちの兄弟であり、あなたたちの兄弟であることを、どうか忘れないで下さい。だから、あなたたちが兄弟に与えるのと同じように、思いやりの心を持って下さい。

空気は、私たち赤き人々にとっても、すべてのものにとっても貴重なもの、同じ空気を吸っています。

森は、鷲《わし》は、小鳥たち、虫たち、美しい川は、どこに行ってしまったのでしょう。

私たちにとり、真剣に生き残ることを考えなければならない始まりがやってきました。

どうか、私たちが愛したように、あなたたちもこの土地を愛してほしい。神が私たちを愛してくれたように愛して下さい」

このような内容でした。

◆近代技術文明で失ったもの

さて、信じられないほどの猛スピードで、近代技術文明が私たちに押し寄せました。さながら「近代技術文明」という超特急に乗って、猛スピードで走っていると言えましょう。

その結果、車窓からゆったりとした、のどかな美しい景色を失ったように、人間にとり、とても大切なものを失ってしまいました。

命の大切さ、人の苦しみ悲しみを感じる心、思いやる心、悪なるものに対しての怒りの心等、人間が本来大切にしなければならない沢山のものを失いました。

地球を無限と錯覚《さっかく》した人類は、自然を破壊し、資源を消費してきました。地球温暖化は今や全地球的規模で起こっています。

私たちに求められている最も大切なものの一つは、自然を愛し、自然と共に、いかに歩むかということです。

今、竹林にちょっとした異変が生じています。竹は普通、山の麓《ふもと》に群生《ぐんせい》しますが、最近、山の中腹《ちゅうふく》や、頂上付近にまで生《は》え出し、他の木々を枯らし始めているそうです。

その一方、下の畑にまで茎《くき》を伸ばし始め、畑にも被害が生じてきました。竹は、地下に茎を伸ばし、節々《ふしぶし》から竹の子が芽を出して繁殖します。しかし、竹の子がすべて竹になれるのでなく、親竹はそのうちの何本かを選び、集中的に栄養を与え育てるのだそうです。バランスを取ることにより、共倒れになるのを防ぎ、また、他の木々とも上手に住み分けをしてきたようです。自然の素晴らしい生きる智恵です。

花粉症、特に杉花粉の被害が年々増加していますが、これは人が杉林を管理しなくなったためと言われています。

「自然との共生」と言っても、自然をただ破壊しなければよいという問題ではありません。私たちは多くの自然によって支えられ生かされています。同じように、私たちも自然を生かすためには、それなりの手を加え、保護してあげなければなりません。これでこそ、本当の「自然との共生」ということではないでしょうか。そうでないと、自然も生態系が崩れ、時には私たちに対して悪影響を及ぼす、ということになります。

◆「人間中心」による環境破壊

今、この地球上から、なんと一年間に約二万種の生物（動物・植物など）が、絶滅し続けているそうです。

つまり、私たちの住むこの地球が、いろいろな意味で、危機的な状況にあるというのです。地球の温暖化による気象の変化、フロンガスによるオゾン層の破壊、酸性雨による大地の変質、廃棄物による環境破壊等々、数えあげたらきりがないほどです。

どうしてこのような事態になったのでしょうか。それは、この宇宙には、守らなければならない法則、自然の摂理《せつり》というものがあります。それを、とくに近代の人間は無視し続けてきました。

そうした人間の驕《おご》りによるしっぺ返しが、今起きているのです。我々人間は、自然を破壊し、大事な資源を消費し過ぎてきました。これ以上自然を破壊し、資源の無駄遣《むだづか》いをすると、しまいに生きてゆけなくなります。人間の生活が脅《おびや》かされないためには、どうしても環境を保護しなければなりません。

このことは当然のことですが、よく考えてみると、やはり「人間中心」の考え方のような気がするのです。

近代は、家畜を含めて動物や植物、その他諸々《もろもろ》の資源は、すべて人間のためにあるということで進んできました。

テレビで、ある牧場の風景が映し出されているのを見たことがあります。広場の中央に太い大きな柱が立てられていました。その柱からまるで巨大な傘《かさ》の骨のように、細い棒が何本も突き出ています。一本一本の、その傘の骨の先を牛の鼻に結びつけ、スイッチを押します。ゆっくりと巨大な傘が回転し始めます。牛はそれに引かれて、ゆっくりと歩きだし、グルグルと回り始めました。運動させるためでした。人間に食べられるまで、毎日毎日こうして歩かされるのです。なんとも残酷な話です。

私たち命あるものは誰もが皆、他の生きものを食べなければ生きていけません。共存、共生するということはお互いが、お互いに支え合って一緒に生きるということでもあるのです。

仮《かり》に食べられることなく、自分の命を全《まっと》うしても、その亡骸《なきがら》は自然の土に戻り、すべて生き物の生命の源である、母なる大地の栄養分となります。

このように、自然の理にかなう生き方こそが、共存の原理なのです。

ところが人間は、必要以上に他の生命を脅かします。人間だけがこの地球上で、他と共存などしようとはしない身勝手な生き物ではないかと言われても仕方がありません。共に同じ尊い命のある者同士、互いがもっと謙虚に向かい合うべきです。

これが仏教の考えに基づく「共生」であり、「連帯」なのではないでしょうか。

こうした考え方をもってこそ、初めて環境問題など、人類の課題に対する解決

砂漠化の進行

の糸口になるのではないかと思います。

◆西洋式合理主義と仏教との違い

戦後、西洋式合理主義なるもの、経済至上主義の原理が、日本に導入されました。人間の都合だけで形成、発展した政治、経済、化学などが、今私たちの地球の生命を脅かし、自然界を破壊させようとしています。

西欧の文明は、小麦と牧畜によって栄えました。小麦には雨はあまり要らないそうです。森を切って小麦を植え、牧草地には牛と羊を飼います。牧草が全部食べ尽くされると、最後は山羊を飼います。

一万二千年前から、森を切り開き続け、気がついたら、中近東から西アジアに至るまでが、ほとんど砂漠になってしまったのです。山羊は荒れた土地でも放牧が出来るそうで、最後に残った木の株まで食べて全部枯らしてしまうので、やがて一帯は砂漠にならざるを得ません。

文明が緑を失わせ、砂漠にし、その砂漠の中から一神教であるユダヤ教や、イスラム教が興《おこ》りました。キリスト教のもとをなすのはユダヤ教です。こうした農業形態から興った宗教は人間中心で、人間が森を、植物を、動物を支配するということです。

ところが西欧のそれとは違い、日本を始め東アジアは、稲作農業を中心に文明が興りました。稲作農業は雨が必要です。森は水を蓄《たくわ》えます。従って森を残さなければならないのです。雨が必要ということは、その雨は人間の力ではどうすることも出来ません。

そこで、人間と自然との共存という思想が興ったのです。時により、人間は自然に対して敬い感謝し、ひれ伏しました。

こうした考えのもとに、興ったのが仏教です。仏教では、人間がすべてを支配するという考え方はありません。生きとし生けるものすべてが共生しており、それ故に、もっと謙虚に人間は自然と向き合うべきではなかろうか、という考え方が仏教なのです。

ノーベル賞を受賞した福井謙一先生は、

「今までの科学は、人類が地球を、すべての生き物を支配する、そのための科学や技術であった。しかし今や、生きとし生けるものと共存するために、科学や技術が用いられなくてはならない」

と言われましたが、全くその通りです。お互いにもう一度、謙虚な心を取り戻すべきです。

そして、世界中の人々が、否《いな》、人間だけでなく、自然を含めてこの世のすべてのものと共生、そして共生から世界は一つという連帯の精神を持って、共に平和を目指して歩みを進めなければなりません。

直《ちょく》葬《そう》

◆仏教界への大いなる警鐘《けいしょう》

先日、知人がタクシーに乗った時、何故かお寺の話になったそうです。
運転手「お寺さんは大変ですね」
知　人「どうしてですか?」
運転手「いやね、この間も無線で呼ばれて病院に行ったら、お客さんから『あの車の後に付くように』と言われましてね。霊柩車《れいきゅうしゃ》ではないんですがね、どうやら遺体を乗せている寝台車らしいんですよ。着いた所は火葬場。全くお寺は無関係で、葬儀屋さんと遺族だけで火葬にしちゃったんです。

セレモニーホールでも、お寺抜きの葬儀が増えてますよ。

こういうことは最近しょっちゅうあるんですよ」

という話だったそうです。

この運転手さんの言うように「直葬」という、所謂《いわゆる》寺院、僧侶の全く関与しない葬儀が、特に都会では増えています。

理由は、寺との関係が希薄、経済的負担、簡素、効率重視、などがあると思いますが、何よりも人々が寺、僧侶を信頼しなくなっていることにあるのではないでしょうか。

ある寺の跡取《あとと》りという大学生が、

「『葬式仏教』と、悪口を言いながらも今はまだ人が死ねば寺や僧侶の世話にならなければならないと思っている人が多いが、そのうち『葬式に僧侶を呼ぶなんて止《や》めよう』と言い出す人が増えてきて、近い将来僧侶による葬儀は減少するだろう」と述べたそうです。

これは仏教界に対する、大いなる警鐘と受けとめ、真摯《しんし》に反省しなければなりません。

◆「葬式仏教」を恥じることなく

この大学生の言うように、僧侶を必要とする葬儀はまだあります。

しかし、必ずしも遺族と寺との信頼関係が成り立った上での葬儀とばかりは言えません。

近年、至る所に「セレモニーホール」が林立《りんりつ》しています。

「病院」から「葬儀社」、「葬儀社」から「セレモニーホール」。

そこに僧侶が呼ばれ、形式的に通夜《つや》、葬儀が営まれる。

そして「セレモニーホール」から「火葬場」。

単に寺は全体の中で、一つの役割をこなすだけの葬儀。

しかも、遺族に対して色々な葬儀のメニューを提示し、僧侶による葬儀はオプションの一つに過ぎず、音楽葬などと同列に扱う葬儀社も出てきています。

今や「僧侶派遣会社」なるものがあり、葬儀社に飛び込みで営業するそうです。

会社と契約している僧侶の中には、寺を持たない者も多く、葬儀があると電話一本で袈裟《けさ》、衣《ころも》等、一式詰まっている鞄《かばん》を持ってセレモニーホールに直行。

お経を読んで終わり。

戒名《かいみょう》は派遣会社が「コンピューターソフト」で、故人にそれなりのふさわしい戒名を検索し、リーズナブルな価格と共に遺族に提示する。

寺院の維持や墓地の管理などという手間を一切必要としない、新しい型の僧侶が出現し始めたということです。

こうして派遣された、遺族と関わりのない僧侶が、遺族の悲しみ、辛さを充分に理解し、心を込めた葬儀を営むことが果たして出来るのでしょうか。

生の最後である死《し》に際《ぎわ》に関わることなく、死後の単なる形式化された葬儀を受け持つだけの役割でしかない、と言われても仕方がありません。

葬儀、回向《えこう》のみに携《たずさ》わる葬式仏教と言われるのなら、せめて葬式仏教に徹すれば、また違った意味での評価を与えられると思います。

僧侶たる者、心を込め、故人の安らかな永遠の眠りを祈る。

遺族や会葬者《かいそうしゃ》の悲しみを和《やわ》らげ、励まし、悲しみの中にも心穏《おだ》やかに、故人とのお別れが出来るよう勤《つと》める。

遺族に「感動した！　このような素晴らしい葬儀ならば、故人も心安らかに旅立っていっただろう。満足のいく葬儀を出せた！」と思ってもらい、また多くの参列者にも感動を与える葬儀であるならば、充分に意義があります。

「葬式仏教」と呼ばれても少しも恥じることはありません。

否《いな》、僧侶が真剣に、心を込めての葬儀であるならば「葬式仏教」と批判されないはずです。

僧侶としての信念、使命感、自覚を持つことにより、人々から信頼を得るのではないでしょうか。

あるべき僧侶の姿

◆僧侶は人々の救いの担《にな》い手《て》

私は以前、法華宗《ほっけしゅう》（本門流《ほんもんりゅう》）の管長《かんちょう》として、宗門全寺院に対し諭達《ゆたつ》（訓示《くんじ》）を発しました。

その中で、花園《はなぞの》大学の佐々木閑《しずか》教授の、

「この世に仏教が成り立つためには、僧侶は普通の人より立派だ、という社会通念が絶対必要。

僧侶とは、本来丸裸の自分の存在そのものが評価の対象となる、非常に厳しい生き方なのだ。仏教を見る人々の目が厳しくなっている。いい加減な気持ちでいると、すぐに見抜かれる。

やがて僧侶一人一人の資質、品格《ひんかく》、個々の教団の姿勢が問われる日が来る」

という話を引用しました。

人は見られているという意識があってこそ緊張もし、自分を磨《みが》き、成長しようとする気持ちになるのです。外からの評価は、良い意味で意識しなければなりません。

僧侶たるもの、常に姿勢を正し、人々の救いの担い手となる使命感、少なくとも自覚を持つことが必要です。

その昔、寺は寺子屋《てらこや》として子弟《してい》の教育や、文化・芸能の発信基地でもあり、身心共に困窮《こんきゅう》している人たちの駆け込み寺であったのです。

時には病院の代わりもしていました。

私が貫首《かんじゅ》を務めている鷲山寺《じゅせんじ》（平成十三年～平成二十三年時まで在任）も、明治時代までは、医者から見放された病人を預かり、祈願し、病気を治す寺として有名でした。何よりも住職は知的存在として、地域のリーダー役、取りまとめ役でもあったのです。

ところが時代が移り、世の中の仕組みが分業専門化し、僧侶の多くは、葬儀、彼岸《ひがん》、お盆の回向《えこう》等が、主な仕事になってしまったようです。

しかも、心のこもらない、形式的な儀式に終始した回向、葬儀が多くなりました。

こうしたことが、仏教が人々の心から遊離《ゆうり》してしまった理由の一つではないでしょうか。

僧侶としての修行と共に、社会一般の教養、常識を身につけ、より高い品格、知性、徳《とく》を兼ね備えてこそ、人々の心の支柱となり得るのです。

◆僧侶たるもの、まず尊敬されなければ

時代は常に変化しています。

政治も、医学、科学、経済……、あらゆるものは常に移り変わり、人の心も時々刻々《じじこくこく》変化しています。

宗教界だけが例外であってよい訳はありません。

否《いな》、むしろ宗教界こそ時代の変化、移り変わる人の心を的確に捉《とら》え、変えるべきものは変える、という勇気と決断を持つべきです。

人々と共に歩まなければならない宗教が、世間と遊離しては、宗教の役割は果たせません。

私は出家得度《しゅっけとくど》して以来五十有余年（平成二十二年時点）、宗教は人々のためにあらねばならぬとの一貫した信念、姿勢を持って歩んできました。

小僧時代、師匠から常に、

「僧侶たるもの、まず尊敬されなければならない！

尊敬されずして、どうして人を救うことが出来るか？

人と相対《あいたい》した時、大概《たいがい》は手を合わせ、頭の一つも下げて頂《いただ》けるだろう。

大事なのは後ろ姿。去りゆく後ろ姿に向かって手を合わせ、頭を下げて頂いてこそ、本物の僧侶。

人々のためにどうあるべきか。

悩み、苦しむ人に如何《いか》に救いの手を差しのべられるか、励まし、喜びを与えることが出来るか。常にそのことを心得《こころえ》よ！」


と言われてきたこの言葉は、忘れられません。

未《いま》だに、それほどの徳を持ち得ずに来ておりますが、常にこのことを忘れずに、己《おのれ》を戒《いまし》めています。

頭を丸め、立派な袈裟《けさ》、衣《ころも》を身につけても、教えを弘《ひろ》めず、人ひとり救えない者は僧侶とはいえません。

人々に教えを説き、弘めていくこと、そして一人でも多くの人から、貴方《あなた》のお陰《かげ》さまといわれてこそ、初めて真の僧侶と言えるのです。

その昔、最澄《さいちょう》、空海《くうかい》、法然《ほうねん》、栄西《えいさい》、親鸞《しんらん》、道元《どうげん》、日蓮《にちれん》等、多くの高僧の方々は、それぞれ大衆と共に歩みました。

心の苦しみ、悩みを解決すべく、常に救いの手を差しのべ、悩みの受け皿となりました。

ところが、いつしか仏教の本来の使命を忘れ、その結果、人々の心は離れ、救いの担い手でなくなってしまいました。

これは、私たち仏教界の大いなる責任です。

キャリアアップと自分探し

◆凧《たこ》と糸

企業における正規社員と非正規社員との間の格差《かくさ》が叫ばれています。

しかし、フリーターと称する人たちを含めての若い非正規社員の場合は、多少問題が違うケースがあるのではないでしょうか。

真剣に仕事をしたくとも、なかなか正規社員になれない人たちがいる中で、特に若者たちの中には、自ら正規社員になることを拒《こば》んでいる者もいることは事実です。

理由は色々あると思います。

正規に就職したものの上司や同僚とうまくいかない。あるいは自分の思っていたような仕事ではなかった。「キャリアアップ出来る環境を与えろ」と口を開けて待つ。与えてくれないなら会社を変えればよい、などと簡単に転職をし、その結果、正規の仕事に就《つ》かない。

「自分探し」とか理屈をつけて転々と仕事を変えますが、これが「自分探し」の実像ではないでしょうか。

束縛《そくばく》はいやだ、自由でありたいと、何につけても辛抱《しんぼう》することを教えられていない若者たちの中には、正規社員になることを自ら避けている人もいるのでは、という気がします。

もっとも親から援助を受けたり、親の家に住んでいる分には、フリーターでも充分生きてゆけるし、気が楽ということです。

これでは格差が出ても仕方のない一面があるのではないでしょうか。

今の若者たちは、兎角《とかく》自由でありたいと願うようですが、自由とは、気ままに、やりたい放題にするということではありません。

本当の自由とは、相手の自由も尊重し、かつ、常に自己の責任と義務が生じるという自覚を持った上で得られるものではないでしょうか。

平成十五年五月十五日の産経新聞の「朝の詩《うた》」に、千葉県の宮川優さんという方の、

「凧《たこ》が空高く飛べるのは／誰かが糸を引っぱっているから／でも凧はその糸さえなければ／もっと自由に空を飛べると思っている／その糸がなければ地上に落ちてしまうのも知らずに」

という詩が掲載されていました。

先ほども述べたように、ともすると私たちは何の束縛も遠慮もなく、心の赴《おもむ》くままに、したいことが出来るのが自由だと錯覚《さっかく》しがちです。

しかし私たちは、自由気ままに一人では生きてはいけません。

何故なら社会の一員として、大勢の人たちと繋《つな》がり合って生きているからです。大勢の人たちの中で生きて行くためには、色々な制約があるのは当たり前です。法律に始まり、道徳、マナー、社会の一員としてのなすべき種々の義務、ルールなど、どれ一つ欠けても、円満な社会は構成出来ません。

こうしたものが私たちにとっての凧の糸といえます。

この糸は、確かに自由を縛るように見えますが、重く、きつい糸に縛られているからこそ、凧は空に舞うことが出来るのです。

私たちもこうした糸に縛られているからこそ、より良い人生を歩むことが出来るのではないでしょうか。

◆難有《なんあ》って有《あ》り難《がた》い

人生を送る中には、多くの不条理なことや、辛く、悲しく、苦しいことに出遭います。

挫折《ざせつ》、絶望、愛する人との別れ等、辛い出来事に遭遇することはいくらでもあるものです。

しかし、こうした経験があってこそ、糸で繋《つな》がれた世間の中で、他人の苦しみ、悲しみを理解することも出来るのではないでしょうか。

命の尊さ、健康の有《あ》り難《がた》さ、平々凡々《へいへいぼんぼん》の毎日に幸せを感じたり……。

何よりも私たちにとり、辛く、悲しく、苦しいことなどは、すべて自分にとって大切なことであったのだ、と気づき、心から感謝する日が必ず来ると思います。

こうした糸に縛られていればこそ、私たち人間という凧が、天高く舞い上がり、真の喜びと幸せを味わうことが出来るのです。

私は日頃から信徒に「難有《なんあ》って有《あ》り難《がた》い」という心構えを持つことが大切である、と説いています。

人生には色々な苦難がありますが、如何《いか》なる苦難も決して逃げることなく、それらはかえって自分を強く、逞《たくま》しく成長させてくれる糧《かて》と受けとめましょう。

「難有って有り難い」という強靭《きょうじん》かつ柔軟な心を持つよう、心懸《こころが》けたいものです。

躾《しつけ》

◆言葉が美しいお子さん

病院の待合室でのこと。

お母さんに、何か小言を言われ、シクシク泣きながら三歳ぐらいの女の子が入ってきました。髪の毛はブラウン色で、自然のカール、青い目をした可愛い子です。

母　親「ちゃんとお靴を直して！」

女の子「ハイ。シクシク……」

何やら盛んに、小声で女の子を叱っています。
どうやら病院に来る途中、細い路地から広い道に、いきなり飛び出して、危うく車に跳《は》ねられそうになったようです。
母　親「いつもお母さんとお約束している一番大事なことは何ですか？」
女の子「いきなり広い道に出ないこと。シクシク……」
母　親「そうでしょう、もし車に跳ねられたら、今日お家《うち》に一緒に帰れなかったのよ！」
女の子「ハイ……」
母　親「本当に判りましたか？」
女の子「ハイ！」
その後も、お母さんは小声で、しばらく、いろいろ娘さんに注意をし、そのたびに、ハイ、ハイ、と素直に返事をする女の子。

私は思わず感心して、

「大変ご返事の良いお子さんですね。よく躾《しつ》けておられますね！」

と褒《ほ》めてしまいました。

診察室に呼ばれた時も、お母さんは「ハイ！」と返事をしながら、周りの私たちの前を通る時も、「失礼します、と言うのよ！」と娘さんに教えているのです。

娘さんはその通り、「失礼します」と言いながら、診察室に入っていきました。

言葉や礼儀が乱れている、と久しく言われています。

先ほどのお母さんのご主人は、外国人かもしれません。

そのためか、お母さんは我が子に、日本人という自覚をしっかりと持たせるためにも、特に言葉と礼儀作法を大切にし、教育しているのかも知れません。

◆家庭教育の重要さ

ある高僧が、

「おのが子を　育つるすべも知らぬ親の　ことしもひとりまた産みにけり」

と詠《よ》んでいます。

もっとも、沢山のお子さんを持って、なお立派に育てている親御《おやご》さんもいることでしょう。

人間の脳の発達は、ゼロ歳から三歳ぐらいまでに基礎が作られ、この期間で人格の大半が決まるとのこと。もし、この時期にオオカミに育てられたとすれば、赤ん坊の脳の回路は、オオカミの回路になってしまうそうです。

ですから、この時期こそ大事で、すべて親の姿を見て、その通りに育つと言われています。

それだけに、何よりも、幼児期における親の「しつけ」が大切ではないでしょうか。

躾は「身を美しく」と書きますが、礼儀作法など、人として身を美しくするために教え導くことです。

字は違いますが、同じ音《おん》に洋服や和服を仕立てる時に必要な「仕付け」という言葉があります。

仕付けは、洋服も和服も完成したら不要となりますが、この仕付けがしっかりとなされているかどうかが、出来上がりの良否《りょうひ》に大変影響をもたらします。

全くもって、人間と同じです。

現代社会では「個人の自由」、「個性の尊重」という考えの下、子供の自主性に必要以上に重きを置く教育が行われ、躾教育が疎《おろそ》かになってはいないでしょうか。

躾は、お辞儀《じぎ》の仕方、箸《はし》の上げ下ろし、挨拶《あいさつ》、言葉遣《づか》いなど、すべて強制です。

特に言葉は、動物にはない、人間だけが持つ素晴らしいものですが、使い方一つで人を救うことが出来る反面、人を傷つけてしまうこともあります。

いちいち理由を教え、納得させるというものではなく、理屈抜きに叩き込むことにより、やがて成長し、ものの分別《ふんべつ》を一通り弁《わきま》えられるようになった時、初めて自ら理解し、納得するようになるのです。

現代は少子化も手伝い、親や年寄りが、子供や孫を、王子さま、お姫さまと「宝物」を扱うように育ててしまい、その結果「ハングリー精神」の微塵《みじん》もない若者たちが、世の中に溢《あふ》れてしまいました。

親は今一度、躾の大事さ、家庭教育の重要さを認識し、豊かで、しかも柔軟かつ強靱《きょうじん》な精神を子供に植え付けることが、早急の課題として、問われていることを自覚しなければなりません。

自国語に誇りを持って

◆美しい日本語を守ってほしい

最近「お天道《てんとう》さま」という言葉を耳にしなくなりました。

子供の頃、よく大人が「お天道さまに申し訳ない」「お天道さまは何もかもお見通し」と言っているのを聞いたものです。

「お天道さま」といえば、近頃「お」「ご」とか「さま」を付けた言葉をあまり聞かなくなりました。

「お陰《かげ》さま」「お互いさま」「お退屈さま」「お世話さま」「お生憎《あいにく》さま」「お粗末さま」「お待ち遠さま」「お疲れさま」「ご苦労さま」「ご馳走《ちそう》さま」。

このように丁寧な言葉を使う人が、昔に比べると非常に少なくなったような気がします。

また昔は名称に「お」を付けて表現する場合がありました。

「お金」「お米」「お醤油《しょうゆ》」「お酒」「お味噌《みそ》」「お天気」。

考えてみると、日頃私たちが世話になっているものに対して、丁寧に「お」を付けて言ったのでしょう。

もっとも、何がなんでも「お」を付ければいいというものでもありません。

テレビのアナウンサー、特に女性が「お」を付けないで「金」「米」と連発されると、違和感を感じます。

日本特有の丁寧さ、謙虚さ、感謝の心の表《あら》われが、「お」を付けたり「さま」

を付けたりしたのではないでしょうか。

私が昔人間のせいかも知れませんが、出来ることならば、この美しい、素晴らしい日本語を守ってほしいものです。

イタリア・ミラノに、長い間住んでいる信徒がいます。仕事は画家で、ニューヨークとミラノの二ヵ所で創作活動をしています。

三人の息子さんがおり、全員イタリア生まれのイタリア育ち。

しかし中学三年までは日本人学校に通わせました。なぜなら、日本人の心、日本の歴史、伝統、文化、言語を、しっかりと身につけさせなければならないから、ということでした。

しかも三人とも小学生の時は、毎年夏、山梨の私共の研修道場で行われる修行会に参加していました。

画家である彼は、

「基本は何と言っても日本語です。外国語などは中学を卒業してからでも充分間に合います。

小さいうちから外国語を学ばせると、日本人なのか、外国人なのか、どっちつかずの中途半端な人間になってしまうからです。

人間の基本は、その属する民族の言語、歴史、伝統、文化をまずしっかりと身につけることから始めなければなりません」

と、言っていました。

◆日本語が死ねば日本文化も死ぬ

先年、英語講師のジョナサン・スコット氏が、

「近い将来、日本では小学校に英語を正規の授業として導入するというニュースを聞き、英語を教えることを生業《なりわい》とする外国人として大いに憂《うれ》える

ものである。

心配は、いつまでたっても向上しない英語教育ではなく、滅《ほろ》びつつある日本語についてである。

かつてアイルランドではゲール語が、メキシコではマヤ語が、ハイチではアラワカン語が使われていた。しかし政治的征服により英語、スペイン語、フランス語へと数百年の間に取って代わられた。

日本人は、このことを見据《みす》えた上で英語教育に対する決断を下さないと、日本がいつの日か、『かつて日本語という死語を使っていた英語圏』と呼ばれる日が来ないと誰が言えるだろうか。

日本人も自国に誇りを持って、自らの言語を守るための方策《ほうさく》をぜひ講ずべきである。経済よりも優先すべき大切なことである。日本語、日本文化を死なせてはならない」

と述べていました。

さらに、ある人が「国土は占領されても、民族は滅びない。しかし、言語を一定期間以上奪われると民族は滅びる。民族としての情緒、道徳、文化、伝統の中核に母国語があるからである」と述べています。

私たちは、日本語を国の言語として生きている日本民族です。

もし素晴らしい日本語を、正しく語ることの大事さを失ったら、大変なことになります。

ユダヤの人たちが、国を失っても滅びなかったのは、自国の歴史、文化、言語を守り続けたからです。

日本民族の歴史、文化……これこそ正しい日本語のみによって語られるものではないでしょうか。

合掌《がっしょう》

◆謙虚と感謝を重んじる日本の伝統文化

日本は六十数年前（平成二十三年時点）の世界大戦により、多くの都市が焼野原《やけのはら》と化し、文字通り廃墟となりました。

その中で、死にもの狂いの復興運動がはじまったのです。

お陰《かげ》さまで奇跡的な復興を遂《と》げ、過去に類がない経済的豊かさを手にしましたが、その代償はあまりにも大きいものがありました。

先人《せんじん》より代々受け継がれてきた智恵、伝統文化、公共心、勤勉、公正、きめ細やかな心配り……多くのものを今、私たちは失いつつあります。

家には、神、仏、ご先祖が祀《まつ》られ、お燈明《とうみょう》を上げ、朝夕、敬虔《けいけん》に拝《おが》みました。ご先祖、過去の多くの人たちの努力の積み重ねの上に、いま自分が在《あ》るという謙虚、感謝の心を持ったものです。

目に見えないものに対する畏《おそ》れ敬《うやま》いの心も持っていました。

この世で大切なもののうち、目に見えるものはほんの僅《わず》かで、多くは見ることができません。

たとえ、法や人の目に触れなくとも、

「お天道《てんとう》さまは何もかもお見通し、ご先祖さまに顔向けできない、神仏に対して許されぬことだ、第一、己《おのれ》の良心が許さぬ」

と心に律《りっ》するものを、みんなが持っていました。

こうした人々の生きる姿勢、人生観というものは、一朝一夕《いっちょういっせき》に出来たものではなく、長い時間を経て先祖代々受け継がれて来た日本古来の素晴らしい伝統文化だったのです。

◆「頂《いただ》きます」と「ご馳走《ちそう》さま」の大切さ

伝統文化と言えば、日本人は食事を頂《いただ》く時、手を合わせ「頂きます」、終わると「ご馳走さま」と言います。

日本人の持つ、素晴らしい文化ですが、近年この習慣が薄れつつあります。

もっとも「手を合わせる」のは食事だけとは限りません。

祈り、感謝、謝罪、挨拶《あいさつ》など……。

手を合わせる習慣は、元々インドで行われていましたが、聖徳太子《しょうとくたいし》の時代に、日本に伝わったと言われています。

インドでは、右手は浄《きよ》らかな手、左手は不浄《ふじょう》として使い分け、両手を合わせることは、人間の中にある浄らかな面と不浄な面とが一体となったところに人間の真実の姿があるという考えを表《あら》わしています。

即《すなわ》ち、人間には悪なる面と善なる面とが存在し、先《ま》ずそれをあるがままに認め、受け入れることが大事。

その上で、善、浄らかなる心をさらに育て、悪、不浄の心を少しでも無くすよう、努力する誓いを表わした所作《しょさ》です。

食事前、「頂きます」と言うのは、お百姓さん、漁師さん等、食材を提供して頂いた人、料理を作って頂いた人たちに対する感謝の気持ちを表わすためです。

何よりも、魚などの食材そのものに対し「私の命を保《たも》つために、あなたの命を頂きます」という心からの感謝の気持ちを表わすためです。

私たちが、この世に生を受け、生きるということは、他人を犠牲にし、植物などを含め、他の生き物の命を奪うということです。

その意味では、絶えず「後ろめたさ」を感じつつ生きることが大事ではないでしょうか。

後ろめたさと感謝の心を込めて「頂きます」と言うのです。

食事が終わると「ご馳走さま」と言います。

「馳走」とは、元々はその準備のために走りまわる意味から、食事を出すなどして人をもてなすこと。

食事を作って頂いたことに対して、感謝の心を込め「ご」と「さま」を付け「ご馳走さま」と言うのです。

レストランのウェイター、ウェイトレスさん等に対しても同様です。

いずれも仏教に強く影響を受けた、日本の素晴らしい文化です。

私たちは日本人として、何ごとにつけ「手を合わせる」習慣を持ち、食事の時の「頂きます」「ご馳走さま」の言葉は無くしてはなりません。

現代の私たちは、こうした多くの日本の素晴らしい伝統、文化を否定し、捨て去りました。

見えないものへの畏れ敬いの心を失うと、人は傲慢《ごうまん》になり、傲慢になると真実を見極める目が曇《くも》ります。

真実が見えなくなれば、当然、国として、また人間としてのありようを失います。

日本は今、あらゆる面において危機に直面しています。

今この時、私たちは真剣に歩むべき道、そして心構えを見出《みいだ》さなければなりません。

合掌

夢——迎え火・送り火

◆父を想う子の心、子を想う父の心

父親を亡くした娘さんから過日《かじつ》、手紙が届きました。

「父が亡くなって丸三年。夢に全く出てこないので、母と常々、

『夢ぐらい出てきてくれればいいのにね……』

と話していました。

何とその日の夜、父が夢の中に現《あら》われたのです。

場所はお仏壇。拝《おが》んでいる時、はっきりとした父の声。

『あっ！　お父さん、来てくれたのね』

と父との会話が始まりました。

父が後ろにまわり、抱きしめるようにして手を回し、両手を握ってくれましたが、その時、父の手の温《ぬく》もりをしっかりと感じたのです。

『お父さん、手が温かい！』

と言うと、今度は隣に座って、私の顔をのぞき込み、久し振りの父と娘の再会となりました。

驚いたことに父は頭を丸め、御衣《おころも》を着け、お坊さまになっていました。

『お父さん、お坊さんになったの？』

と言ったところで夢は終わったのです。

父はとても嬉しそうに、満面の笑みを浮かべていました。

声も、手の温もりも、顔かたちもはっきりとしていて感激しました。

母に報告したところ、

『夢に出てこないと思っていたら、向こうで日蓮《にちれん》さまにお仕《つか》えしていたのかしら？　日蓮さまのお弟子にして頂《いただ》き、さぞ張り切っていることでしょう。忙しくて夢に現われなかったのね』

と二人で喜び合いました」

父を想う子の心、子を想う父の心、その心と心が繋《つな》がって、お父さんが夢に現われたのでしょう。

◆迎え火と送り火

毎年、夏になると、各地でお盆の行事が行われます。

ご主人を亡くされた、あるお宅にお盆前に伺《うかが》った折《おり》、四本の割り箸《ばし》が刺さっているキュウリとナスが、ご霊前に供《そな》えられていました。

「キュウリは馬を、ナスは牛を、四本の割り箸はそれぞれの足を表《あら》わしています。

ご先祖さまに迎え火を焚《た》き、道を明るくして、早く帰ってきてもらいたく、キュウリの馬を用意しました。

戻る時も送り火を焚き、今度はゆっくり戻ってほしいために、馬より遅い牛に乗ってもらうのです」

とのことでした。

ご先祖に対する家族の人たちの温かい気持ちがほのぼのとして伝わってきます。失いたくない、先祖を敬う日本の良き習慣、伝統文化です。

お供えの野菜は、すべて夏に採《と》れるものを中心とし、実際そのお宅の庭先で作られたものだそうです。

その後、未亡人も亡くなりました。

母親が亡くなっても、相変《あい》わらず息子夫婦はキュウリ、ナスなど新鮮な野菜に加えて、藁《わら》で編《あ》んだ馬と牛を供えています。

このお宅では、都心に住みながらも、お盆になると、十三日には門の前でおがら（※）を焚いて迎え火とし、十六日の夜には同じように送り火を焚くそうです。

ところがある年のことです。

十三日は確かに迎え火を焚きましたが、うっかりして十六日、送り火を焚かないで寝てしまったそうです。

ぐっすりと寝ている最中、いきなり誰かに起こされたかのように、夫婦同時に目を覚ましました。

時は深夜の十二時。

「あ、しまった！　送り火を焚くのを忘れた！　おふくろが、

『これでは暗くて帰ることが出来ないじゃないか』

と怒って、起こしたに違いない」

とのことで、慌てて二人は夜中に外に出て、門の前でおがらを焚きはじめました。突然の火に驚いた近所中の犬がワンワン！　誰が一一〇番したのか、パトカー到着。

どうやら放火犯と間違えられてしまったようです。

事情を説明して、やっと許されたとのことでした。

それにしても、四十代前半の若夫婦ですが、親のしていたことをしっかりと受け継いでいる、何とご先祖思いのお二人でしょうか。

※おがら…皮をはいだ麻《あさ》の茎《くき》。お盆の時、迎え火、送り火を各家の門口《かどぐち》で焚きます。

年《ねん》輪《りん》

◆苦労が人間を成長させる

明治、大正、昭和にかけて、京都に生まれ、活躍した松久朋琳《まつひさほうりん》という有名な仏師《ぶっし》がいました。

彼は十歳の時より、七十年間にわたり、仏像を彫り続けたそうです。

修業《しゅぎょう》時代、師匠から毎日のように、

「何でもそうだが、下積みの経験がなければ、ものにならない」

と厳しく言われ続けてきました。

朋琳は、

「良い材料になるのは、谷底から周りの木によって日を遮《さえぎ》られながら、上に伸びてきた木。

日が当たらず、成長が遅く、何十年、何百年と細かい年輪を刻んだ木こそ、素晴らしい素材となる」

と述べています。

囲碁《いご》、将棋《しょうぎ》の最高の盤《ばん》は榧《かや》の木で出来ていますが、深山《しんざん》の上からしか日が当たらない所に出来た榧ほど、素晴らしい、等間隔《とうかんかく》の細かい年輪を刻み、最高の盤が出来るそうです。

里に生《は》えている榧は、何時《いつ》も日が当たるので成長が早いため、年輪の間隔が広く、しかもあちこちから枝が伸び放題で、それが節《ふし》となり、良い盤が出来ません。

力を込めて碁石《ごいし》を打った時、盤の表面が微《わず》かにへこみます。ところが、きめ細かく年輪を刻んだ盤は、いつの間にか元通りになります。それだけしなやかで、弾力性があるということではないでしょうか。

野菜や果物の中には、肥料をやり過ぎないほうがよいものもあります。むしろ荒れ地で、水と肥料が極端に少ない中での植物は死に物狂いで努力するのだそうです。

根《こん》野菜などには、このような中で「美味《おい》しい根《ね》」という特別な根を張るものがあります。

自然薯《じねんじょ》（山芋《やまいも》）は、代表的な「美味しい根」です。

人間も同じではないでしょうか。

環境の良い、日の当たる人生ばかり歩いている、苦労知らずの人間は、ちょっとしたことで、すぐ萎《しお》れてしまうし、面白みも、味も、素《そ》っ気《け》もない人間になってしまいます。

過酷な環境の中で、苦労に苦労を重ねた人に、人間の魅力、深みを感じさせる人がいます。

もっとも、単に苦労をすれば良いということでもありません。

問題は受けとめ方次第です。

苦労を悲観的に受け止め、常に不足、不満に思っている限り、却《かえ》って心にシミが付き、ゆがんだ心の持ち主にならないとも限りません。

◆「心の筋力《きんりょく》」を鍛《きた》えよう

冬、雪の重さにしなり、曲がった竹も、やがて雪は跡形《あとかた》も無く消え、竹は元通りになります。

秋、私たちの目を楽しませてくれる美しい紅葉も、夏の暑い日差しに照らされ、雨露《あめつゆ》に打たれることによって、美しい錦《にしき》の色になるのです。

苦しみ、悲しみ、不幸、挫折……。

こうした生きる苦しみを味わい、苦労して年輪を重ね、尚《なお》かつ苦労を己《おのれ》の成長の糧《かて》と、前向きに喜びにさえ受けとめてこそ、豊かな、思いやりのある、素晴らしい人間に成長するものです。

苦難に必死になって立ち向かう時、人は成長するのであり、進歩成長し続けることが、ある意味で人生の成功とも言えましょうし、その中にこそ、私たちの「生きる目的、価値」を見出《みいだ》せるのではないでしょうか。

苦難とは人間を鍛《きた》えるための絶好のチャンス。

苦しいトレーニングを毎日続ければ筋力が付き、いつの間にか今まで持ち上げられなかったバーベルを上げることが出来るようになります。

心も同じで、苦難に遭《あ》っても決して逃げず、それらに耐えながらも相対《あいたい》することにより、やがて「心の筋力《きんりょく》」が鍛えられ、人は大きく成長するのです。

剣聖《けんせい》と言われた剣豪宮本武蔵は『五輪書《ごりんのしょ》』(※)で、

「千日の稽古《けいこ》を鍛《たん》とし、万日の稽古を錬《れん》とす」

と述べました。

千日の稽古をして鍛え上げ、その鍛え上げたものを土台として、さらに万日の稽古を重ねて、初めて錬《ね》り上がるという意味で、努力精進《しょうじん》の大切さを説いた言葉です。

これが仏道でいう「精進」であり、武道における「鍛錬」です。

強い志《こころざし》を持ち、努力することが如何《いか》に大切か、ということです。

お互い、日々怠《おこた》りなく努力精進しようではありませんか。

※『五輪書』…宮本武蔵の著《あらわ》した有名な兵法書《へいほうしょ》。

人の一念《いちねん》

◆父と娘が起こした奇跡

ある年の正月、四十代の男性ですが、突然クモ膜下出血《まくかしゅっけつ》で倒れ、娘さんの成人式当日に亡くなりました。

以下、未亡人の話です。

「主人が倒れた直後『お父さん、お父さん！』と呼びましたが応答がなく、救急車を呼びました。

早速手術となり、脳に溜《た》まった血を応急処置で吸引しました。その時、私の呼びかけに『ママ、ママ！』とつぶやいたのが最後で、昏睡《こんすい》状態になってしまったのです」

とのことでした。

ご主人はどのような思いで「ママ、ママ！」と言われたのでしょうか？　恐らく奥さんに対して、いろいろな思いを込めての言葉だったのではないかと思います。

ご主人は残念ながら亡くなりましたが、当日、実に不思議なことがあったそうです。

未亡人曰《いわ》く、

「亡くなる前日でした。

成人式を迎える娘が、どうしても晴《は》れ着《ぎ》を着て、父親に見せたい！　と言い出したのです。そこで娘が婦長さんに頼んだところ、

『あなた、ここが何処《どこ》だと思っているの？　病院よ。ましてお父さんは重体で、集中治療室に入っているんですよ！　他にも何人かの重体の患者さんがいらっしゃるのよ。そこに振《ふ》り袖《そで》姿で入ってきたら、他の患者さんのご家族は何と思う？　許可出来ません！』

と断られてしまいました。

しかしどうしても諦《あきら》められず、何度も婦長さんに頼んだそうです。困った婦長さんは、とうとう院長先生のところに娘を連れて行ってくれました。

娘は泣きながら院長先生に訴えました。

『先生！　父に見せたいと思っている振り袖は、父が選んでくれたものです。去年の秋のことです。普段、こんなことを言う父ではないのですが、突然私に向かって、お前、来年成人式だよな！　お父さんが選んでやろう、と言い出しました。その振り袖なのです。

父は、成人式を指折り数えて待ち望んでいました。それなのに、こんなことになってしまいました。

判らなくてもいい、ぜひ見てもらいたいのです』

話をじっと聞いていた先生は、

『分かった。そういうことなら特別許可しよう。君は、今日までよく頑張って看病していたね。実に感心な娘さんだと思っていたよ。親孝行の君に免《めん》じて、特別許してあげよう』

という訳で、念願が叶い、当日、振り袖姿で集中治療室の父親の枕元に立つことが出来ました。

娘は、

『お父さん！　私よ、振り袖よ！』

と、父親の肩を揺すりながら、何度も呼びかけました。

そのうち、何と父親の両目の目尻から涙が滲《にじ》み出し、やがて頬《ほほ》にまで伝いはじめたではないですか。

『お父さん、お父さん！』

娘は激しく泣き叫び、父親の身体を揺すりながら、尚《なお》呼びかけました。

その時です。主人が目を開けたのです！　さらに口を動かしたのです。

『何か言いたがっているんだよ。君を見ているのだよ！』

院長先生がおっしゃるのです。

娘は、

『お父さん、ありがとう。見てくれたのね。これから成人式の会場に行ってくるからね』

と言い残し、会場に向かいましたが、主人は安心したのでしょうか、間もなく息を引き取りました。実に不思議なことでした。

後で院長先生は、

『お父さんの娘さんを想う心と、娘さんのお父さんを想う心。この父娘《おやこ》の一念《いちねん》が通じ合った瞬間、医学では到底理解の出来ない奇跡が起こったのだと思いますよ』

とおっしゃいました」

以上、このような話を、未亡人から聞きました。

◆人間の想いの強さ

諺《ことわざ》に「一念岩をも通す」とありますが、人間の想いというものが如何《いか》に強く、重いか、改めて感じざるを得ない出来事です。

人生、いろいろなことが待ち受けていると思いますが、しっかりとした目的と、何が何でも成《な》し遂《と》げたいという強い想いを持って歩みたいものです。

花

◆花の勤《つと》め

自坊《じぼう》（獅子吼会《ししくかい》）の境内《けいだい》に、樹齢《じゅれい》八十年の桜が四本。毎年素晴らしい花を咲かせます。見事な満開の桜花ですが、人から愛《め》でられる時は余りにも短く、あっけなく散ってしまいます。

満開の時に強風や雨に降られようものなら、惨《みじ》めなものです。

もし桜の花に、私たちと同じ心があったとすれば、どのような思いで花を咲かせ、そして散っていくのでしょうか。

一年頑張って準備をして、やっと咲かせたかと思ったら、つかの間の盛《さか》りで、あっけなく散ってしまう。

自坊（獅子吼会）の境内の桜

桜は満足しているのか、あるいは悔いているのか。桜の花の心を知る由もありませんが、もし私が桜なら、決して悔いはしないでしょう。

なぜならば、桜たちはたった数日間ではありますが、充分に花を咲かせることが出来たからです。

精一杯生きたのです。

多くの人々の心を癒やしました。

満開に花開く、という自分の勤《つと》めを立派に果たしました。

桜だけではありません。

梅、椿《つばき》、山茶花《さざんか》、木蓮《もくれん》、躑躅《つつじ》、臘梅《ろうばい》、万作《まんさく》(金縷梅《まんさく》)、山茱萸《さんしゅゆ》(やまぐみ)、鶯神楽《うぐいすかぐら》、山吹《やまぶき》、紫陽花《あじさい》、萩《はぎ》、果ては名も知れぬ花……。

境内に春・夏・秋・冬と、色とりどりの花が咲きます。

見えない土の中で、一生懸命根を張り、芽を出し、やがて花を咲かせるのです。

花たちは、人に見られようが見られまいが、愛でられようが愛でられまいが、関係ないのです。

冬、厳しい寒さに耐え、夏、日照《ひで》りに遭《あ》いながら、雨、風に耐えて、不平も言わずに、ひたすら努力をし、咲かせ続けます。

何故でしょうか。それが自分たちの勤めだからです。

勤めを果たした花たちは、きっと満足して散っていくことでしょう。

◆後悔しない生き方を

さて、私たち人間はどうでしょうか。

人は、それぞれこの世で果たすべき役目を持って生まれてきます。

人は、果たすべき役目、即《すなわ》ち少なくとも花を一つ持っているのです。

大きな花、小さな花、はたまた名も知れぬ花。

それぞれ持っている花は違いますが、確実に一つは、花の蕾《つぼみ》を持って生まれてきているのです。

名も知れぬ野の花、道ばたの花も皆、美しく咲かせています。

私たちは、自分の持つ花を懸命に咲かせる努力をしなければなりません。

いつ咲くか、それは分かりません。

死の間際《まぎわ》になって、漸《ようや》く咲かせることが出来る場合もありましょう。それはそれで素晴らしいことです。

しかし、咲いた花はやがて散る時がおとずれます。

生あるものは必ずいつか散り、滅《めっ》する時が来るものです。

早い、遅いの差こそあれ、必ず散る時がおとずれますが、精一杯、花を咲かせるべく努力をした人、即ち、よりよく生きるために頑張った人には、悔いはないはずです。

もっとも、お互いに完璧な人間などいないのですから、完璧な人生などあるはずがありません。

ですから、如何《いか》に頑張っても、悔いを全く残さず旅立とうなんて、到底無理なことです。

しかし、悔いのない最期《さいご》を迎えたい、と日頃から意識して過ごすのと、全く考えもしないで、ただ、いたずらに過ごすのとでは、おのずから最期を迎えた時、差が出てくるのではないでしょうか。

否《いな》、最期だけでなく、人生そのものが違ってくるのではないかと思います。

たとえ失敗したとしても落ち込まず「失敗ではない、その時の必然なのだ！」と受けとめましょう。

一見、失敗と見えることにも、絶対に得るものがあるはずです。

逃げてはいけません。

お互い、いざお迎えが来た時、少しでも悔いのない人生だった、と思えるように、日頃からより良く生きるべく努力をし、自分の持てる花を咲かせようではありませんか。

どの花にせよ、人は必ず一つは、花の蕾を持っています。
死を迎えて後悔するのは、花を咲かせなかったことにではなく、花を咲かせよ
うと全力を尽くさなかったことです。
いつの日か自分の花を咲かせ、心に悔いなく、顔いっぱいの喜びを得たいもの
です。

第二章 いのちを想う

役に立たない命などない

◆すべての命には意味がある

親が子供を虐待《ぎゃくたい》し、死に至らしめたり、逆に子が親を殺したりする事件が連日のように起こっています。

動物虐待などは、日常茶飯事《にちじょうさはんじ》です。

どうして日本人はこのように変わってしまったのでしょうか。

「どうして人を殺しちゃいけないの？」

と、子供が大人に質問したところ、答えられなかったそうです。

仏教では、人間の守るべき基本的な戒《いまし》めの第一に、不殺生戒《ふせっしょうかい》を挙げています。人だけでなく、この世に存在する命あるものを殺《あや》めるということは、心して戒めなければならないという教えです。

何故、命あるものを奪ってはいけないのか。

それは、人を含めて、この世に在《あ》るものすべては、生きる何らかの意味があるからではないでしょうか。

すべてのものに価値、働きがあるからこそ、命が大事なのです。

世の中にあって、役に立たないものは、何一つありません。

あのゴキブリですら、生きる意味があって、存在しているのです。

ゴキブリは本来、熱帯雨林に生息する昆虫で、菌類、樹液、朽《く》ち木、動物の死《し》骸《がい》や、糞などを食べる雑食性の昆虫で、それなりに働きがあったのです。

その中で、特に雑食性の強いものが、寒さや食物に困らない人間の住環境《じゅうかんきょう》に進出し、人間を脅《おびや》かし、害虫として忌《い》み嫌われるに至りました。

シロアリも嫌われていますが、本来は自然の森の中で、枯れて倒れた木を食べてくれる「森の掃除屋さん」と呼ばれる大切な存在です。

シロアリの培養《ばいよう》するキノコの「シロアリタケ」は、中国では美味《おい》しいご馳走《ちそう》として、食用にしているそうです。

くさい臭《にお》いを発するカメムシは、稲や農作物に被害を及ぼす害虫とされていますが、種類によっては、他の害虫を食べてくれる益虫《えきちゅう》とされるものもあるようです。

南アフリカ共和国やジンバブエ、ラオスなどでは、ある種のカメムシが食用にされています。

人間は、昆虫を「益虫」と「害虫」に仕分《しわ》けし、「益虫」は人間の役に立つ虫、「害虫」は人間に害を及ぼす虫、と区別します。

いずれにしても、あくまでも人間中心の見方で、例えば蜘蛛《くも》は田んぼの稲の害虫を食べてくれますが、その場合、蜘蛛は益虫になります。ところが大事な蜜蜂《みつばち》を食べてしまうこともあり、そうなると害虫となってしまい、いつでも人間の勝手で、その都度《つど》、益虫になったり、害虫になったりします。

◆他を排除しない生き方を

人間ほど、勝手な生物はいません。

この世に存在するものには、それなりの意味があって、生きているのです。意味があるということは、生きる権利があるということ。

ですから、何人《なんぴと》と言えども、他の生きる権利、自由を侵《おか》してはならないのです。

まして、人間が人間を殺すなどということは、絶対にあってはいけないということを、しっかりと自覚し、戒めなければなりません。

この世に存在する命には、すべて意味があると述べましたが、生物だけではありません。

平成二十二年、ノーベル化学賞を受賞した根岸英一博士は、

「地球温暖化、環境問題で二酸化炭素（CO2）がやり玉《だま》にあがっているが、果たしてそうであろうか。

植物は光合成《こうごうせい》により二酸化炭素を酸素に変える。

人類の叡智《えいち》を絞《しぼ》り、人工光合成により、二酸化炭素を科学的に有効な物質に変えられるはず」

と述べています

植物の光合成を人工的に生み出すことにより、酸素だけでなく、食料、燃料など様々な有機化合物を作り出そうというのです。

素晴らしいことではないですか。

当《まさ》に、

「他を排除することなく、世の中のすべてのものには、命がある、存在する価値がある」

という、仏教の教えそのものです。

私たち人間は、この世の如何《いか》なるものでも、その存在を頭から否定したり、排除したりしてはいけません。

相反《あい》する存在と考えられているものでも、人間の叡智を以《も》って活かし、善用することが出来るということを知らなければならないのです。

途中の切り捨て

◆「心」がなおざりになっている

私たちは何百年という長い時間をかけて「より効率よく」を目指してやってきました。

その結果、目を見張るほどの文明の発展を遂《と》げました。

徒歩が馬車になり、やがて自動車に、蒸気機関車は、新幹線に取って代わられました。

カヌーやイカダは、豪華客船、タンカーになりました。飛行機が出現しました。人間が空を飛んだのです。

こうして、今や考えられないほどに時間が短縮されました。時間を短縮することによって、乗り物のみならず、あらゆる分野において「より効率よく」を目指して今日までやってきました。

しかし、効率を優先する近代文明において、今まで大切にしてきた「途中」を切り捨ててしまったのです。

「途中」、即《すなわ》ちプロセスを極端に縮めることによって、より早く、より効率よく豊かさを求めたのです。

しかし反面、沢山の大切なものを失ってしまいました。

福島原発事故（平成二十三年三月十一日）などは、その最たるものです。

戯《ざ》れ歌に、

「いつも三月、常月夜《じょうつきよ》、私《わたし》ゃ十八　主《ぬし》ゃ二十《はたち》、死なぬ子三人　皆孝行、使うても減らぬ　金百両、死んでも命のあるように」

とあります。

限りを知らぬ、飽くことを知らぬ、人間の愚かさをうたったのでしょう。私たちは、限界を知らぬ、モア（もっと）ということで、今日までやってきたのです。

その結果、物質至上主義のとりことなり、それによって精神性なるものは無視されてしまいました。

古来日本人が大切にしてきた礼節《れいせつ》や美徳は軽んじられてしまいました。「恥」「つつましさ」「清貧《せいひん》」「義理人情」「正直」「勤勉」「謙虚」「もったいないという心」。

数えたらきりがないほど、大事な、日本人特有の「心」をなおざりにしてしまいました。

◆人類の将来のためにブレーキも必要

医療の分野でも同じことが言えます。今までは「命の長さ」に重きを置いた医療が中心でした。

これからは「命の質《しつ》」、即ち「クオリティー・オブ・ライフ」を重点的に考える医療にならなければいけないと思います。

今までの医療である、「病」を、単に「臓器」の故障と見なし治療を施《ほどこ》すのではなく、体を総合《そうごう》的に看《み》、その上でさらに大切な「心」の存在を見すえた治療を施していかなければならないのではないでしょうか。

ある知りあいの医師は、

「単に豊富な医学知識、技術を要するのみでなく、まず他人の感情や不安を思いやることが出来る医者で、本当に病気に苦しむ人の力になりたい、との思いがあることが大切である。即ち、医者そのものの人間性が、これからは厳しく問われる。

アメリカでは、まず一般の大学に入り、幅広い知識と、豊かな人間性を養うべくしっかりと教育され、卒業後、なお志《こころざし》を持ち続けた者が医学部に進学する制度により、医師が誕生している。

それで充分とは言えないまでも、現在の日本の制度よりは好ましいと思う。日本も医師の育成に関して真剣に見直し、より豊かな心、知性の持ち主である医療従事者を育てなければならない。これからは、患者が医者を選ぶ時代になる」

と言っています。

人材の育成についても、短期養成に走り、じっくりと時間をかけて育てるという、言ってみれば大事な「途中」を放棄してきた、とも言えます。

先ほどから述べている通り、私たちは「より効率よく」「より早く」を目指してやってきました。

その結果、驚くほど科学技術は進歩し、人々は大変豊かになりましたが、人間としての大切なものを失いつつあるのではないでしょうか。

今まで、何十年、何百年という長い時間をかけて、先祖代々、親から子、あるいは師から弟子、先輩から後輩へと、智恵や技術が受け継がれてきました。

これが従来の文化だったのです。

このまま猛スピードで進み続けると、一体どうなってしまうのか、心配になります。私たちにとり本当に大切なのは何か、人類の将来について真剣に考えなければならない時に来ています。

そのためには、思い切ってブレーキをかけ、「身《み》の丈《たけ》」に合った進歩のあり方を考えなければなりません。これこそ新たなる道なのです。

介《かい》護《ご》の日々

◆介護の辛さを仏さまにぶつける

ご主人が認知症を発症し、以来十年にわたり亡くなるまで介護を続けたご夫人の話です。

「ある日、夜中にベッドから這《は》い出して、家の中を赤ちゃんのように四つん這《ば》いになって徘徊《はいかい》を始めました。最初の頃は、すぐベッドに戻しましたが、暫《しばら》くすると再び徘徊を始めるのです。それを何度も繰り返します。仕方なく、私も主人の後を四つん這いで歩き、好きなようにさせると、終《しま》いに疲れるのでしょうか、大人しくベッドに戻ります。

その時、必ず主人に『おかえりなさい。今日は仕事が早かったのね』とか『今日は遅かったけれど、疲れたでしょう』と言って休ませます。

あるいは、主人はゴルフが好きでしたので『おかえりなさい。成績はどうでした?』と話しかける時もあります。すると主人は、

『まああだった。そうだ、車で送ってもらったので運転手さんに寸《すん》志《し》を渡すように』

と、そうした時の受け答えだけはしっかりしていますが、下《しも》のものは垂れ流しの状態でした。

もう心身共に極限状態になってしまい、ある日、つい主人に向かって、

『なんで私があなたのウンチの始末をしなければいけないの!?』

と詰《なじ》ると、一瞬正気に戻ったのか、

『なんだその言い方は！　それが夫に対する口の利《き》き方か!?」

と言い返したのです。プライドだけは元気だった時のままです。

カッとなり、思わず、

『それなら夫らしくして！　少しは楽をさせて！』

と言ってしまいました。

その後トイレの掃除をしていると、主人が四つん這いになって近づいて来て、

『さっきはごめん』

と言うではないですか。

その瞬間、全身の力が抜け、何とも言えない気持ちになり、酷《ひど》いことを言ってしまった申し訳なさと情けなさで、便器に突《つ》っ伏《ぷ》し、涙が止まりませんで

した。

そんな介護の毎日でしたので、精《せい》も根《こん》も尽き果ててしまった私は、仏壇に向かって、

『仏さまはただ見ていらっしゃるだけなのですか⁉』

と恨みがましく言ったこともあります。

この苦しみを子供たちにも、誰にも言う訳にいかず、ただひたすら思いの丈《たけ》を仏さまにぶつけ、鬱憤《うっぷん》を晴らしていました。

今思うと、何と罰《ばち》当たりのことを言ったものだ、仏さまに大変申し訳ないことをしてしまった、との思いで一杯です。でも、仏さまの前で何度も自分の心を吐露《とろ》したお陰《かげ》で、辛い介護に耐えられたと、つくづくと実感しています。

私にとりまして仏さまは、かけがえのない存在です――」

このようなお話でした。

◆病人がいるからこその自分

私が、

「仏さまは、あなたの言いたいことはすべて分かって下さり、広いお心で受けとめていらっしゃいますよ」

と申しますと、ご夫人は、

「そうだとよいのですが……。確かに、仏さまは私にとって、強い心の支えです。主人が亡くなった今でも、何かあると、すぐに仏さまに色々聞いて頂《いただ》いております。仏さまは私にとり、なくてはならない存在です」

と言われたのです。

「奥さん、仏さまのお陰だけではないと思いますよ。ご主人は認知症になってしまいましたが、そのご主人がいらっしゃればこそ、あなたは頑張れたのではないですか。

主人のために頑張らねば！　健康を保《たも》ち、長生きをしなければ！　と思っての介護の日々だったのではないですか？

そのように思えば、病気のご主人によってあなたは生かされていた、とも言えるのですよ」

と申したところ、

「本当に、今思えば全くその通りでした。主人がいてくれてこその私、主人に生かされての十年でした」

とのことでした。

世間には家族の介護で大変な日々を送っている方が沢山います。

願わくば、このご夫人のように、病人がいるからこその自分、病人によって元気をもらっている、生かされている、と気持ちを切り替えて、頑張って頂きたいものです。

気

◆「気」の大切さ

ある地方都市を訪れた時、近くの観光地の土産物《みやげもの》店に入りました。

女主人に「ご僧侶でいらっしゃいますか？」と聞かれました。

「はい、そうです」と答えると、

「最近、いろいろなことがありまして、今日も憂鬱《ゆううつ》で陰気《いんき》な朝を迎えていました。お坊さまが店に入ってこられた瞬間、何か店の中が明るくなり、温かさを感じました。失礼ですけど、握手していただけませんか?」

と言うのです。

私は、両手で彼女の手をしっかりと包み込み「元気を出すのですよ」と励まし、色々話をしたところ「お陰《かげ》さまで勇気が出ました」と何度もお礼を言われてしまいました。

後日、その方からお手紙をいただきました。

「ご来店頂《いただ》いてから当店に『気』『優しさ』をお持ち頂いたようで、気持ちよく商売させて頂いております。有《あ》り難《がと》うございました」

と、ありました。

早速、返事を出しました。

——人は誰でもそうあるべきですが、特に僧侶にとって、最大の責務《せきむ》であり、かつ喜びは、少しでも人に何かをさせていただき、喜んでいただくことにあります。人さまの喜びを通じてこそ、本当の喜びを感じるものです。

多少なりともあなたさまに、勇気？　元気？　でしょうか？　「気」なるものをもたらすことが出来たなら、それこそ私の大いなる喜びです。

ある医師が、

「『病《やまい》は気から』と言うが、人間にとって一番大切なことは『気』をおろそかにしないこと。

例えば、病気でも『病』と『病気』とは違う。『病』というのは、心臓とか、胃とか、肉体そのものの故障。

『病気』とは、その身体の故障に対して、『ああでもない』『こうでもない』『大変だ』『どうしよう』と気にやむこと。気とは、眼に見えない一つの流れのようなもの。

天の気を『天気』、空の気を『空気』、心がはしゃぐことを『陽気』、いきおいの気を『活気』、ふさぐことを『陰気』、人の評判を『人気』、殺されそうな気を『殺気』と言う」

と、述べています。

私たちは、とかくこの目に見えない「気」に左右されて、それこそ右往左往《うおうさおう》してしまうのです。

すべては「気」です。

どうか「勇気」「根気」「負けん気」を持ち、明るく前向きに「元気」を出して生きて下さい。

何があっても「平気」さ、と居直《いなお》ることも必要。居直る、居座《いすわ》る、の本来の意味は、心の座りを正しく直すということです。

私が住職をしている寺の名前は、「獅子吼会《ししくかい》」と言います。

信者同士の挨拶《あいさつ》は「有《あ》り難《がと》うございます」からはじまります。

「有り難うございます」とは、文字通り、今日お会い出来たのも有り難いこと、あらゆるもののお陰さまを蒙《こうむ》って生かされているからこそ、という感謝の気持ちを込めての挨拶。

もう一つは「難有《なんあ》って有《あ》り難《がた》い」という意味が込められています。苦しみ、悲しみ、色々な難があるのが人生。しかし思いを変えてみれば、今の苦しみは、将来喜びを生み出してくれる、産みの苦しみ。従って、難有って有り難いという気持ちで、今の苦しみと、相対《あいたい》そうではないか、という意味を込めて「有り難うございます」と挨拶するのです。是非あなたさまもこの精神で人生を歩んで下さい――

このような手紙を出しました。

◆幸せのホルモンを分泌《ぶんぴつ》しよう

気持ちが如何《いか》に大事かということです。人間は体内から多くのホルモンを分泌します。

その中に、ドーパミンとかセロトニン、オキシトシンというホルモンがあります。ストレスを緩和し、感染症を予防し、痛みを和《やわ》らげ、活力を増幅し、健康を保ち、若さを保《たも》つなどの効果があるそうです。

このホルモンは、感動し、喜び、大いに笑い、極力身体を動かすことなどにより活性化するそうです。

美味《おい》しいものを食べたり、いい景色を見たり、可愛い動物やきれいな花を眺めたり、世話したりなど。あるいは他を思いやり、親切にすると、ホルモンが分泌され、心が安定し、健康を守ってくれるということです。なんと、他に優しくすると、ホルモンが命を守ってくれるのです。

こうしたホルモンを盛《さか》んに分泌するよう、心がけたいものです。

幸

◆幸せとは何か

私が終戦を迎えたのは、小学校入学前年の夏でした。

子供心にも「とうとう日本は戦争に負けたんだ！」という落胆の思いが胸にこみ上げたものです。反面、ホッとした思いもありました。

空襲警報のサイレン。

電気の傘《かさ》を風呂敷で包み、灯《あか》りが外に漏れないようにする灯火《とうか》管制。

急いで飛び込む防空壕《ぼうくうごう》。大鷲《おおわし》に一羽のスズメが襲いかかるように、アメリカの飛行機に突進する戦闘機。

瞬《また》く間《たま》に撃ち落とされ、煙をはきながら落下してくる戦闘機。

終戦後、極端なほどに物がない。それだけに、ある意味、幸福の条件はすこぶる単純明快でした。

焼け出された人は、何でもいいから雨露をしのげる住まいを手に入れること。いつも電気が明るく灯《とも》り、毎日の食べ物に困らない。

病気を治す薬がある。モーターで汲《く》み上げる井戸。さらに蛇口《じゃぐち》を捻《ひね》ればジャーッと出てくる水道。もう感激の極みでした。とにかく、お腹一杯食べられて、モノが少しずつ増えていくだけで満足したものです。

人々は、仕事の悩み、人生の悩みなど考える暇もなく、生きるだけで精一杯でした。

ところが世の中が豊かになりはじめ、自転車は自動車に、洗濯板《せんたくいた》は電気洗濯機、ホウキは電気掃除機、冷蔵庫、テレビ、水洗トイレ、エアコン、携帯電話、パソコン。人は一応の幸せを手に入れました。

物で溢《あふ》れた豊かな社会にあって、なお幸せを物に求めようと思うことは、もう限界です。

自分にとって本物の幸せを探さなくてはいけない時代になりました。

現代は、人々が生きる意味を失っているように思えてなりません。

何のために働くのか？　果ては何のために生きるのか？

仕事をしなくても、何もしなくても、余程《よほど》のことがない限り、飢え死にすることのない時代ですから、それはそれで何となく済んでしまうのが今。親が世話してくれるし、国が面倒を見てくれる。しかし、これがいつまでも続くはずがありません。

自分にとって何が本当に幸せなのか。自分にとっての生きる意味、幸せを探し出す努力が必要なのです。

◆本当の幸せ

実は、幸、不幸、すべて私たちの心の問題なのです。

人間は、すべてにおいて平等とは言えません。生まれた時から、それぞれ運命、宿命といったものを抱えているのです。どこの国に生まれるか、どういう親の下に生まれるか、どんな才能を持っているか、一人一人が異なった運命の中に在《あ》ります。

そうした自分をしっかりと直視し、受けとめることが大切なのです。

どう頑張っても出来ないこと、自分の持つマイナス部分、それらをしっかりと認めること。そこを出発点として、いかにあるべきか、何をすべきか、何が出来るか、出来ないか。

一つ一つ見極めることにより、自然と歩むべき道、自分の幸福の形が見えてくるでしょう。

私たちは、とかく幸せは手の届かない、遠くにあるように思いがちです。ところが、自分をしっかりと見つめると、実は探し求めているものの多くが、足下《あしもと》、すぐ近くにあることに気がつきます。

身のまわりのささやかなこと、人と気持ちよく話が出来たり、人の善意を感じたり、ちょっぴり人に優しく、風が心地よく、鳥の声に和《なご》み、美しい景色に見とれたりした時、人は幸せを感じるものです。こうした小さな幸せの一つ一つの積み重ねが私たちにとって大切なのです。

石川啄木《たくぼく》は二十六歳で短い生涯を閉じました。啄木は日々の細《こま》やかな幸福を歌に詠《よ》んでいます。

「なつかしき冬の朝かな湯を飲めば
　湯気がやわらかに顔にかかれり」

冬の寒い朝、温かいお湯を飲もうと茶碗《ちゃわん》を手にする。

ふわっとした湯気が顔を包む。

その何とも言えない幸福感……。

啄木は、ほんの小さなことにさえ、心の安らぎと幸せを見出《みいだ》しているのです。

今一度、自分の足下を見つめ直そうではありませんか。

すると、今まで見つけることの出来なかった、小さな幸せのいくつかを見出すことが出来るでしょう。

否《いな》、見出すというよりも、作り出すと言ってもよいでしょう。

これが私たちの本当の幸せではないでしょうか。

十円玉

◆真心《まごころ》の染《し》み込んだ十円玉

北海道のあるご婦人の話。

私は毎年、札幌《さっぽろ》にある私共の寺院に行きますが、そのご婦人から十年以上にわたり、毎年、七百三十枚の十円玉がビッシリ詰まった手製の木綿《もめん》の袋を手渡されます。

初めて頂《いただ》いた時、

「この十円玉には何か意味があるのですか?」

と尋ねたところ、

「実は、朝、仕事に出かける前、自宅で仏壇に手を合わせるたびに『どうか仏さま、今日一日お守り下さい』と願いを込めて十円玉を一つ。帰宅すると『一日、無事に過ごせました。お陰《かげ》さまです』と感謝を込めて十円玉を一つ。一年間毎日お供《そな》えしたものです。こうして貯まった十円玉を、お寺にお納《おさ》めするのが楽しみなのです。僅《わず》かばかりでお恥ずかしゅうございますが、貧者《ひんじゃ》の一灯《いっとう》、是非お受け取り下さいませ」

とのことでした。

一枚一枚の十円玉に、決して豊かではないご婦人の真心《まごころ》が充分に染《し》み込んでいることであろうと思うと、何ものにも代えられない宝と感じながら、毎年有《あ》り難《がた》く頂きます。

それというのも彼女は、二十六年前、腎臓摘出手術に始まり、直後に直腸ガンとなり、これがご縁《えん》で入信しました。

暫《しばら》くは健康で仕事を続けていましたが、やがて直腸に再発し、とうとう人工肛門を装着。さらに子宮ガンと、日々、病《やまい》と闘いながら過ごしています。

それでも彼女は、病気の夫を介護《かいご》しながら二人の子供の育児、炊事《すいじ》、洗濯、そして仕事と、正《まさ》に一家の大黒柱《だいこくばしら》。

「あなたも大変ですねえー、辛いだろうなあー」

と思わず言うと、彼女は、

「お言葉を返すようですが、病気が縁でこのご信仰に出会って以来二十年、一度も辛い、苦しい、と思ったことはありません。本当ならば、とっくにこの世にない体、それがどうやら、こうやらですが、今日まで不都合なく暮らしています。ご信仰のお陰さま以外の何ものでもありません。私どもは、どんな時でも生かされていることへの感謝の心、喜びの心を決して忘れてはならない、と教えて頂いています。

そこで、朝に『どうか、今日一日、お守り下さい』夕べに『今日一日、有り難うございました』と、祈りと感謝の気持ちを込めて、本当にわずかですが朝に十円、夕べに十円を、仏さまにお供えしているのです」

と実に、にこやかに話すのです。

苦悩の一欠片《かけら》も見せず、活き活きと話される彼女の生き方は、素晴らしいのひと言につきます。

◆喜びと感謝に満ちた人生

ところが、ある年のこと、いつものように札幌に参りますと、ご婦人からの手紙が届いていました。

「今度ばかりは病気に負けました。入院せざるを得なくなりました。

　十円玉の袋は娘に持たせます」

とあったのです。早速、病院を訪ねました。

「病気に負けた、というのはどういうことですか？」

と伺《うかが》うと、

「二十数年来、二度の直腸ガン、続いての子宮ガンと、再三に渡る手術と放射線の当て過ぎで、新たなガンが骨盤周辺に出来たようです」

とのこと。

正直戸惑いましたが、真心を込めて懸命に励まし、勇気づけました。

私の言葉に、いちいち頷《うなづ》きながら聞いていた彼女は、

「はい、二度と負けたなどと申しません。仏さま、お医者様を信じて、最後までガンと闘います」

と言われたのです。そのうち、全く血の気のなかった顔にうっすらと赤味が差し始めました。なんと、その後、お陰さまで医師も驚くほどに回復し、数週間後に退院出来たのです。

暫《しばら》くして彼女は、全身、ガンに蝕《むしば》まれていく中、

一、ガン患者に、難病の認定を受け、治療費等の補助を認めてもらう。

二、在宅治療、また職場復帰の道を得やすくする。

これらを北海道庁に働きかける団体の会長となり、活躍しました。

その後、難病指定を受けるための大会に車イスで出席し、大会の成功を見届け、安心したのか、数日後に亡くなりました。骨盤の部分は、殆《ほとん》どガンに侵され、十五センチ大の球状の穴が開いていたそうです。

壮絶なまでの人生の中にありながら、深い喜びと感謝の心、他のために尽くす心を持ち、そして信仰心に支えられての二十六年間でした。

花のように

◆必ず春が来て花が咲く

「冬来たりなば、春遠からじ」は、イギリスの詩人シェリーの有名な詩の一節です。
辛い時期を耐え抜けば、幸せな時は必ず来るという意味です。
春はもうそこです。やがて、一斉《いっせい》に色とりどりの花が咲き始めるでしょう。
もっとも、春だけではありません。
夏には夏の、秋には秋のと、私たちのまわりには春夏秋冬、それぞれの季節にふさわしい草花が咲き誇り、そのどれもがたいへん美しいものです。こうした花々は、私たちの心に安らぎを与え、癒し、和《なご》やかにしてくれる素晴らしい存在と言えましょう。

雪の中で咲く福寿草

この花のように、私たちも生きたいものです。花のように生きるとは、どういうことか？　私たちにとり花は、様々な意味合いを持っているのではないでしょうか。

大きく分けて三つの意味が込められていると思います。

一つは、常に花のような美しい心を持ちなさい。醜《みにく》い争いや、嫉妬《しっと》の心を捨てて他の周囲の人々に優しさや、喜びを与えられるような人間になりなさい、ということです。

二つは、花にも色々な種類があり大きな花、小さな花、誰もが知っている花もあれば、名も知れず路傍《ろぼう》に咲く花もあるように、人間にもそれぞれ、己《おのれ》の分《ぶん》や立場のあることを弁《わきま》えなさい。各々《おのおの》の立場の中で、持って生まれた自分の花を、最大限に咲かせる努力を尽くしていきなさいということです。

三つは、花のように耐え、そして努力しなさいということです。

古歌に、

「踏まれても忍《しの》んでいこう福寿草《ふくじゅそう》　やがて花咲く春にあうべし」

とありますが、どんな花でも一輪の花が咲き、開くまでには、一朝一夕《いっちょういっせき》、簡単なものではありません。

灼熱《しゃくねつ》の太陽に照らされる季節もあれば、風雨にさらされる時もあります。

さらには、じっと雪の下で辛抱する時もあるでしょう。しかし、ただ単に耐えるだけでなく、どれもがしっかりと根を張り、大地から養分を吸収しながら成長し、来たるべき季節に立派な花を咲かせるのです。しかも、歯を食いしばって耐えている、というようには思えません。ひたすら春、花を咲かせることを己の勤《つと》めとして、淡々と……。

私たちの人生もまったく同様です。たとえいかなる苦しみや悲しみに出遇《であ》おうとも、決してそこから逃げ出さず、負けることのないようにしましょう。やがて訪れるであろう春の来ることを信じ、見事な花を咲かせられるよう、しっかりと耐え、かつ努力しようではないか、ということです。

◆「耐える」ことの大切さ

一生の中にあって、耐えなければならないことは沢山あります。しかしそれらは私たちに与えられた試練と受けとめようではありませんか。

「人はその試練に耐えた強さだけ成長する」という言葉があります。

「耐える」ということについて、囲碁《いご》のプロ棋士《きし》の話をします。

ある時、師がプロを目指している弟子を叱《しか》っている場面に出会いました。

叱られているお弟子さんは、後輩に負け成績が落ちて追い抜かれ、たいへん落胆をしていました。

師は、彼の顔を覗《のぞ》き込むようにして問いました。

「ねえ、君、辛いか？」

俯《うつむ》いたまま返事をしません。

すると、

「辛いわけないよね。君は好きな道を選んだのだからね。本当に辛いと思うならば、やめてしまいなさい……」

たったこれだけの言葉でしたが、辺りに緊張感がみなぎりました。

どのような道であっても、一つの道を極めていく上には、たくさんの難関があり、しかも、並大抵の努力では叶いません。たぶん、師は彼に対して、いま味わっている口惜《くや》しさ、辛さに耐え、負けを肥《こ》やしにして、さらに大きく飛躍してほしい、という思いを込めての慈愛の叱責《しっせき》であったのではないでしょうか。

もちろん彼の選んだ道は、何よりも大好きな道です。

負けた口惜しさをバネにして、その後、彼は見事に難関を突破し、プロ棋士になったことは言うまでもありません。

苦悩多きこの世の中で、すべての出来事を能《よ》く忍び、夢を持ち、何事も喜びに思いを変え、それぞれの人生の花を立派に咲かせることが出来るよう、日々努力、精進《しょうじん》したいものです。

白寿《はくじゅ》

◆「仏さまが自分に試練を与えて下さっている」

私の祖母は、齢《よわい》百歳にて他界しました。九十九歳の時、白寿《はくじゅ》のお祝いをしました。

九十九は、百に一つ足りなく、百の字から一を取ると白になり、そこで九十九歳を白寿としたようです。

従って、百歳は百寿《ももじゅ》です。

ちなみに、百歳は一世紀百年ということから「紀寿《きじゅ》」とも言います。

盃《さかずき》一杯のお酒で、上機嫌になった祖母は、曾孫《ひまご》たちに次のようなことを言っておりました。

「九十九年間、お陰《かげ》さまでずいぶん長生きをさせてもらったよ。

振り返ってみると色々なことがあったねえ。嬉しいこと、楽しいことも沢山あったが、それにも増して辛いことや悲しいことも多かった。

戦災で焼け出され二人の息子は戦死。おじいさんや、娘にも先立たれ、他にも色々あった。

でもね、どんなに辛く苦しい時でも、それを辛いとか苦しいとか感じたことがなかったんだよ。

そうしたことに出遇《であ》うたびに、これは仏さまが自分に試練を与えて下さっている、強く育てて下さる、心の肥《こ》やしだと信じたからこそ、一つ一つ乗り越えてこられたんだと思う。今振り返ると、そう思えたことが、一番有《あ》り難《がた》かったことだし、たった一つ自慢できると言えば、その点かね。これも何かも仏さまのお陰さまです。これまで生きてきて、それは感謝したことも沢山あった。だけど、有り難かった、嬉しかったことというのは、その時は当然、素直に喜び、感謝したけれど、長い目で見ると、あまり役には立たなかったね。

辛いこと、苦しいことのほうが、よほどためになったよ」

小さな子供たちが、真剣に聞いていたのが印象的でした。

私も、祖母の話に大いに感服したものです。しっかり者の祖母でした。亡くなる一、二年前まで、仏壇の掃除をはじめ、新聞は一面から隈無《くまな》く読むことを日課としていました。

ただ、しっかりだけでは生きられるとは到底思えません。このような人生を送れたのも、祖母に強い信仰があったからだと思います。

宗教には、悲しみ、苦しみを希望や、勇気に変えることができる力を秘めているのではないでしょうか。

◆人生そのものが道場

むかし、維摩居士《ゆいまこじ》という方がいました。仏教経典・維摩経《ゆいまきょう》の主人公です。資産家で、その上、釈尊《しゃくそん》（お釈迦さま）の弟子たちをしのぐ仏教の学者、理論家と言われていました。

ある日、町に出た時、一人の修行者が問いかけました。

「あなたは、何処《どこ》からおみえになったのですか」

維摩は「はい、私は道場から来ました」と答えました。

「あなたのいう道場とは、一体どこの道場ですか。祇園精舎《ぎおんしょうじゃ》か竹林精舎《ちくりんしょうじゃ》ですか」

と、また質問をしました。

維摩はこの質問を待っていたかのように、こんこんと諭《さと》すように、その修行者に、

「いいえ、私の言う道場は、どこの場所とは限りません。

布施《ふせ》も道場。そこには報《むく》いを求める心が無いからです。

持戒《じかい》も道場。飽《あ》くなき人間の心を戒《いまし》め、無理なく己《おのれ》の心を律《りっ》することが出来れば、やがて満ち足りた心を持つことが出来るからです。

忍辱《にんにく》もまた道場。何事においても堪《た》え忍《しの》ぶことが出来たならば、しかもあくまでも柔和《にゅうわ》な心を以《も》って忍《しの》ぶことが出来れば、その人は何ものにも囚《とら》われない自由となるからです。

精進《しょうじん》も道場。努力、鍛錬《たんれん》の大切さは、言うまでもありません。何ものにも動じない、囚われない心を持った時、それは立派な道場です。

智慧《ちえ》も道場。真実を求める心が道場。真実の心、正直な心を持つことが出来れば、即《すなわ》ちそこが道場なのです。何故ならばそこには偽《いつわ》りがないから。私

たちにとって、心掛け一つであらゆる所が道場なのです」

と、答えたのです。

維摩が言う道場とは、私たちの人生におけるすべて、ありとあらゆるものが修行の場、道場であるということです。

私たちは日常、いついかなる時も、常に「即是道場《そくぜどうじょう》」であることを心に留《とど》め、反省・感謝・努力の実践を怠《おこた》ってはなりません。

祖母も人生そのものが道場でした。

足《た》るを知る

◆お盆は貪《むさぼ》りの心を戒《いまし》める行事

毎年夏になると、お盆の時期がやって来ます。

お盆の謂《い》われを紹介しましょう。

釈尊《しゃくそん》の十大弟子の一人に、神通力《じんづうりき》第一と称された目連尊者《もくれんそんじゃ》という方がいました。

ある時、慈《いつく》しみ、育ててくれた、今は亡き母はどうしているのか、と神通力を以《もっ》て捜《さが》しました。

何と餓鬼《がき》の世界に堕《お》ち、しかも逆《さか》さ吊《づ》りの責《せ》め苦《く》に遭《あ》い、苦しんでいるではないですか。骨と皮だけになり、やせ衰《おとろ》えてはいるが、なぜかお腹だけが膨《ふく》れ、喉《のど》は針のように細くなった、哀《あわ》れな餓鬼の姿。

訳《わけ》を調べると「我が子に、何とかよい教育を受けさせ、立派な人間にさせたい。ところが家は、大変な貧しさ。悪いことは知りながら悪事《あくじ》を重《かさ》ね、得たお金で息子を育てた」とのことでした。

その報《むく》いで母親は、餓鬼の世界に堕《お》ちてしまったのです。

目連は「何としても、母を救いたい！　どうしたらよいでしょうか」と、釈尊に訊《たず》ねたところ、

「長い梅雨《つゆ》の間、洞窟《どうくつ》にこもり、禅《ぜん》を組み、修行していた僧侶たちが、七月十五日、梅雨明けと同時に外に出てくるであろう。その時、僧侶たちを招き、母親に代わって力の限り供養《くよう》をするがよい。必ずや、その施《ほどこ》しの功徳《くどく》により、

母親は罪を滅《めっ》し、救われるであろう」

と、答えられました。

早速、実行したところ母親は見事《みごと》に救われました。

貪りの心を戒めた仏教の教えですが、これがお盆のはじまりです。

盆踊りの由来も紹介しましょう。色々、謂われがあります。

一つ、母親が救われた喜びの余り、目連が踊りまくったことから、始まった。

二つ、釈尊の教えに従い、大勢の僧侶に施した、その功徳で母親は救われ、餓鬼道の世界から浮かび上がり、歓喜の舞を踊りながら天に昇った。この言い伝えが、後《のち》、盆踊りになった。

三つ、平安時代、空也上人《くうやしょうにん》によって始められた念仏踊《ねんぶつおど》りが、死者を供養するための行事となり、後、盆踊りになった。

いろいろ言い伝えが残っていますが、いずれにしても、仏教の教え、行事に基《もと》づいた、素晴らしい日本の伝統文化です。

人間は、先祖代々、もっと豊かに、より便利に、幸せに、より健康に、と懸命に努力してきました。結果、医学が進歩し、経済も発展し、今まで以上の豊かさを手に入れることが出来ました。

多くの豊かさをもたらしてくれた多くのお陰《かげ》に対して、深く感謝しなければなりません。

更に、今の状況に安住することなく、次の世代の人々のために、努力を重ねる責任があるのです。

従って「より多く」の精神を単に否定することは出来ませんが「もの」だけに偏《かたよ》った豊かさを、追求してはいけないということです。

「物だけのより多く」を積み重ねていくと、際限がなくなる。

自然環境を破壊したり、他を犠牲にして人類の発展のみを優先しては、やがて大きなシワ寄せを招くことになりましょう。

ですから「これ以上は駄目！」と、どこかでストップをかける必要があるのです。

そこをどうするかが、これからの大事なテーマです。

精神的に「自律《じりつ》・自足《じそく》」しなければならない時代となったのです。

◆天空《てんくう》の竈《かまど》

外国のジョークに、足ることを知らず、貪り続けた男の話があります。

——足ることを知らず、次々と要求ばかりし続けながら、不本意の中に死んでしまった男がいた。

ある時、神は天空の竈からその男を取り出した。男は生まれ変わって次の人生を送るために、その時を待っていたのである。

竈から出てくるなり男は、

「神さま！　今度は週休五日と、日給一万ドル。健康保険と退職金。年に半年の休暇と、確実な昇進、確実な年金……」

と次々と要求を出した。

神は、その男を再び竈に戻して言った。

「まだ生焼けだな……」――

余りにも、足ることを知らない男の話です。

何事もほどほど、応分《おうぶん》が大切、己《おのれ》を知れ、ということです。

賢《けん》人《じん》

◆順境にも逆境にも囚《とら》われない心

日蓮聖人《にちれんしょうにん》は、

「賢人は八風《はっぷう》と申して八《やつ》のかぜにをかされぬを賢人と申すなり。
利《うるおい》・衰《おとろえ》・毀《やぶれ》・誉《ほまれ》・称《たたえ》・譏《そしり》・苦《くるしみ》・楽《たのしみ》なり」

と、説きました。

――賢人は、八つの風に侵《おか》されても、すなわち、如何《いか》なることに遭《あ》っても、決

して動じない――

ということです。

中国の古典に「得意端然《とくいたんぜん》、失意泰然《しついたいぜん》」という言葉があります。

得意の中にあっても、失意の中にあっても、常に平静でいるということです。

これこそ賢人というのでしょう。

人間は、順境にある時は得てして、それに囚《とら》われ、慢心、怠慢《たいまん》の心が生じがちになります。常に己《おのれ》を戒《いまし》め、囚われないことが大切。

逆境にある時は悲憤慷慨《ひふんこうがい》し、怒りの心が生じ、自暴自棄《じぼうじき》になりがち。いかに失意にあっても、よく耐え忍ぶことが大事です。

順境、逆境いずれにあっても囚われないということについて、中国に「人間万事塞翁《にんげんばんじさいおう》が馬《うま》」という有名な故事《こじ》があります。

――昔、中国の塞《さい》という国に一人の翁《おきな》がいた。

ある日、大変可愛がっていた馬が胡《こ》という国へ逃げて行ってしまった。

人々は大変気の毒がったが、当の本人は一向に気にも止めない様子。

それどころか、幸いをもたらす元になるだろう、と言う。

何と、暫《しばら》くすると逃げた馬が胡から一頭の駿馬《しゅんめ》を連れて戻って来た。

人々は、我がことのように喜んだが、本人は一向に喜ぶ様子がなく、これはかえって災いのもとになるだろう、と言う始末。

息子は大いに喜び、毎日騎《の》っていたが、ある日、落馬して骨折してしまった。

人々は慰《なぐさ》めたが、翁は相変わらず驚かないどころか、これが幸いの元になるだろう、との一言のみ。

やがて戦《いくさ》が起こり、胡の軍勢が塞に攻め入って来た。

若者たちは戦地に出征し、戦死してしまったが、翁の予言通り、息子は怪我をしていたため、ことなきを得た――

という話です。

話の結びに「福必ずしも福ならず、禍《わざわい》必ずしも禍ならず」と、あります。何が幸せになるか？　不幸になるか？　前もって知ることができない。人生何事も「禍福《かふく》は糾《あざな》える縄《なわ》の如《ごと》し」を示した話です。

◆運は自ら啓《ひら》くもの

この故事で示された翁の考え方は、一面の真理ではあります。現在の苦楽、吉凶、禍福などが、将来どう変化するか分からない。従って、それらに囚われず、現実を、ただ淡々と一つの出来事として受けとめる考え方は、人間として努力することの必要性の余地が全くない、ということになります。

喜びは喜びとして、素直に感謝することはとても大切。

感謝することは大切ですが、溺《おぼ》れることなく、心を引き締め、油断慢心の心を起こさないように努めることです。

苦しみも、苦しみとして、まずそれを受け容《い》れることが必要。

しかし、受け容れるだけで済ましてはいけません。

苦しみ、災いが、己の至らなさに因《よ》ることもあるでしょう。

その時は当然、反省し、改めるよう努めねばなりません。

苦しみ、悲しみを、己の成長の糧《かて》として受けとめることも必要です。

それによって人は大きく、逞《たくま》しく成長するのです。

喜びや悲しみは、いつかは転じていくものとして、ただ受け容れるだけでは、
それこそ、時の流れにただ身を任せるだけの人生で終わってしまうのではないでしょうか。

もっとも翁のように、幸不幸、苦楽などに対して、囚《とら》われの心だけは、持たぬよう、心がけたいものです。

私の師は「啓運《けいうん》」という言葉を好んで口にもし、度々《たびたび》、書にも認《したた》めていました。

「啓」とは開《ひら》く、という意味です。

「運」とは文字通り運ぶ、ということです。

幸いは、努力なくして決して得られるものではなく、自ら運を啓《ひら》かねばならない、ということです。

飽《あ》くなき欲望

◆人間の欲は底なし

日本は世界有数の長寿国となりました。

平成二十五年の日本人の平均寿命は、女性は八十六・六一歳で二年連続世界一。男性は八十・二一歳で世界四位で、過去最高。初めて八十歳を越えました。

現在（平成二十六年時点）、日本では、百歳以上の老人が五万人強。その内、八割の四万人は認知症であったり、寝たきりの状態で、ほとんどが人工呼吸器や胃瘻《いろう》で、命を保《たも》っています。

医学の益々《ますます》の進歩、発展の中で、健康保険制度、介護《かいご》など、社会福祉が行き渡った医療制度のもと、益々、超高齢者が増加の一途《いっと》を辿《たど》っているとのことです。

簡単に「死ねない、逝《い》けない」時代になりました。

中国に、

「八十歳の年寄りに『おめでとうございます』と言ったところ『否々《いやいや》、まだ半寿《はんじゅ》です』と、答えた」

という話があります。天寿を全《まっと》うするためには、倍の百六十歳まで生きねばならない、ということでしょうか。まさに死ねなくなります。

とは言え、お互い、いつか必ず死が訪れます。それだけに、今のうちから真剣に死を考えねばならない。

少なくとも、日々を漠然と無目的にただ生きている、ということだけは、ありたくないものです。

インドに次のような古い物語があります。

――神さまがある時、動物たちに向かって、

「お前たちにそれぞれ、寿命を授けてあげよう、みんな集まれ」

と命じました。そこで沢山の動物たちが、神さまのもとに集まってきました。

最初にやってきたのは馬。神さまは馬に、

「三十年の寿命をやろう」

「いいえ、三十年は結構です。人間にこき使われ、何一つ自分の思い通りにならない辛さ、悲しさは大変なものです」

神さまは、馬に十八年の寿命を与えました。

次は犬。

「三十年の寿命をやろう」

「いいえ、私も結構です。一日中鎖《くさり》に繫《つな》がれ、少しも自由な時間も、行動もありません。三十年もいりません」

十二年の寿命が犬に与えられました。

三番目は猿。

「三十年の寿命をやろう」

「いいえ、結構です。猿知恵だとか言われ、いつもバカにされています。時には芸をさせられ、何も悪いことをしていないのに、反省！　などと、やらされます。その上、稼ぎはみんな人間に奪われます。永《なが》い寿命はいりません」

猿には十年の寿命が与えられました。

最後に人間。

神さまは、恐らく「動物たちと同じように三十年は永すぎます」と断るだろうと思いましたが、念のため、

「お前にも三十年の寿命をやろう」

ところが、

「いいえ、三十年では短すぎます。やりたいことが何も出来ません。出来るならば、死なずに済みたいものです。三十年では全然足りません」

という訳で、馬、犬、猿の寿命を足した四十年に、さらに三十年を上乗せして、七十年の寿命を授けた、とのことでした――

人間の飽《あ》くなき愚かさと、貪《むさぼ》りの心を、揶揄《やゆ》したインドの物語です。

◆命への感謝を

ちなみに、牧場勤務の獣医さんに牛の寿命を聞いたところ、

「普通に生きれば三十年です。現実には、まずそこまで生きられる牛はいないでしょう」

「どうしてですか？」

「人間が、すべて殺して食用にしてしまうからです」

これには、驚きました。

ちなみに、鶏の寿命は十年。豚は十五年位だそうです。勿論《もちろん》、そんなに長生きするわけはなく鶏は二ヶ月、長くて三年。豚は六、七ヶ月で食用にされます。

人間の業《ごう》の深さ、欲の深さを感じます。

神さまから、三十年に上乗せして七十年の寿命を貰った上に、今や、平均寿命が八十歳を越えました。

平均寿命九十歳も、そう遠くないかもしれません。

現実に、百歳を超える人間がたくさん出てきました。

お互い他の命を奪い、己《おのれ》の命を繋《つな》ぎ生きているのです。

生きているというよりも、生かされているのです。

謙虚に深い感謝の心を持ち、その上で、日々大事に悔いのないよう、生きることに心がけるべきではないでしょうか。

第三章　人の歩むべき道

因《いん》と果《か》

◆「いつも初め、いつも初め」の精神

仏教の大切な教えに「因縁果報《いんねんかほう》」があります。私たちは、日頃「因縁」、「因果《いんが》」、「縁起《えんぎ》」、「果報」などの言葉を何気なく使っていますが、すべて仏教語です。

因縁果報に関連した話です。

法華経《ほけきょう》に「従果向因《じゅうかこういん》」という教えがあります。「果従《かよ》り因《いん》に向《む》かう」と読みます。

仏道修行に対する有《あ》り様《よう》を示した教えです。修行の最終目的として悟りを得るということは大切です。

しかしその結果を目指しながらも、結果にいたるまでの修行こそがより大切だ、ということです。

これは、仏道修行に限りません。

私たちは何事によらず、目的を持ち、その目的を達成するために努力します。その場合、目的を達成することはもちろん大切ですが、結果は二の次。大事なのは目的に向かって懸命に努力すること。結果はおのずと得られるのではないでしょうか。

修行の在《あ》り方、努力する心構えを階段を上《あが》ることに例えます。

——一段階段を上ることによって、一つの努力、成果を得る。

これが「果」。

これで終わってはならない。

一段上った果を再び二段目への出発点とする。すなわち「因」に戻り、二段目を目指して努力する。努力により、二つ目の果を得る。

さらに三段目を目指して二段目の果を出発点、すなわち因に戻り、次の果に向かう。このように常に果より因に戻り、努力、修行を重ねることが肝心――

これが「従果向因」です。

物事の結果にいたる、因が大事だ、ということです。

何事も「いつも初め、いつも初め」の精神こそ、大切なのです。

◆成功・不成功が大事なのではない

昔、原島某《はらしまぼう》という武士がいました。

彼は刀の鞘《さや》作りを趣味としていました。趣味が高じて、ある時、一大決心をして、主君《しゅくん》の許しを得、武士を辞め、鞘作りの職人として生きることになりました。

ところが、趣味とは違い、生活をかけるとなると話が違います。

武士の商法ということもあって、生活もままならず、やがて妻子とも彼を見捨てて出ていく始末。

しかし彼は決して弱音をはかず、いったんこうと決めた道、己《おのれ》を信じ、志《こころざし》を変えることなく、ただひたすら鞘作りに励んでいました。

ところがある時、作った鞘がお殿さまの目に止まりました。

あまりの素晴らしさに感服したお殿さまは、その鞘を将軍家に献上したのです。

このことがきっかけで、一躍、鞘作りの名人として天下に鳴り響くようになりました。

ある時、昔の仲間が二、三集まりました。

Aさん「貴方《あなた》は以前、人々から軽《かろ》んじられ、鞘も売れず、暮らしもままになりませんでした。ところが、今こうして成功し、人々から賞賛され、幸せを得ました。

もし、あのままで、お殿さまの目に止まらず、暮らしも逼迫《ひっぱく》したままだったら大変だったでしょうね。本当にうまくいってよろしかったですね」

Bさん「否々《いやいや》、それは違うのではないでしょうか。うまくいったとか、成功したとかいうことは、おそらく原島さまにはあまり関係ないのでは？

確かに原島さまは名も財も得られましたが、それは単なる一つの結果。

本来の目的ではないのではないでしょうか。物事、うまくいくにこしたことはありませんが、大事なことは成功、不成功にかかわりなく、正しい目的を持ち、何が何でも達成せねばおかぬという強い志、情熱を持って、努力し続けることが大切だと思います。

おそらく、原島さまは、今の瞬間においても、より良い鞘を作るという志で一杯ではないのでしょうか」

以上のような、友人たちの会話がありました。

後で彼は、

「全くBさんの言う通り。

殿さまの目に止まったり、将軍家に献上されたことは有り難《あがた》いことだが、それは単に一つの結果に過ぎない。常に今よりも少しでも納得のいく鞘が出来ないものか……、それだけで頭が一杯だ」

と、述べたそうです。

何事も成功、不成功にかかわらず、目的と情熱を持ち、賢明に努力精進《しょうじん》し続けることが大切です。

縁《えん》

◆「縁」の大切さ

中国の孟子《もうし》は、人は生まれながらにして善であると説きました。

この説を「性善説《せいぜんせつ》」。

同じ中国の荀子《じゅんし》は性善説を批判して、人は生まれながらにして悪であると説いたのです。

この説を「性悪説《せいあくせつ》」。

これらに対して仏教では、性善とか性悪とか、単純に決めつけることは出来ない。すべて触れる「縁」により善にも、悪にもなると説きます。この場合の縁とは、環境、境遇ということでしょうか。

仏教では、この世の一切の営み、仕組みは、すべて因《いん》、縁、果《か》、報《ほう》の四つの道理に基《もと》づいて成り立っていると説きました。中でも、特に大事なのが縁です。因、縁、果、報の道理をマッチにたとえてみます。

——火を起こすマッチの諸々《もろもろ》の材料並びに、マッチを擦《す》る行為が「因」。ところが、マッチがあるだけでは火は起こらない。擦るにしても、硫黄《いおう》のついていない軸の反対側をいくら擦っても無駄。硫黄部分で擦ったとしてもマッチ箱のヤスリの部分を擦らなければ火は点《つ》かない。両方が湿《しめ》っていてはもちろん駄目。即《すなわ》ち、火が点くための状態、環境が「縁」。

この良き縁に触れて、正しくマッチを擦る行為とが相まって火という「果」が生じる。

さらに、火を有効に使って初めて火の働きが出る。これが「報」——学生が勉強することを因、縁、果、報に例えてみます。

——勉強する学生が「因」。

勉強するには、良い指導者が必要。良い教科書、参考書も必要。良い勉強の場も大切。これらが「縁」。

こうした良い縁に出会って、正しく学ぶことにより、良い「果」が得られる。

さらに得た「果」を、広く社会のために役立てることが肝心。

即ち、勉強の成果が働きとなって現れる。これが「報」——

このように世の中は全て因、縁、果、報によって存在し、すべてが営まれているのです。

仏教では、中でも特に「縁」が大切であると説いています。

◆釈尊《しゃくそん》の「縁」の教え

「縁」の大事さについて、次のような仏教寓話《ぐうわ》があります。

——ある時、釈尊が多くの弟子たちを伴《ともな》い、川のほとりを遊行《ゆぎょう》されていた。釈尊は何を思ったのか、ふと立ち止まり、傍《かたわ》らの石を拾《ひろ》い上げ、弟子たちに向かって、

「お前たちよ、この石を川に投げ入れるとしよう。沈むであろうか？　それとも浮かぶであろうか？」

と質問された。

弟子たちは、妙なことをおっしゃると思いながらも、

「はい。お尋ねになられるまでもないことです。石というものは本来沈むものです。石である限り、どんなに小さくても、決して浮かぶことはないであ

りましょう」

と答えた。

するとと釈尊は、

「たしかにそうであろうな。

石は沈むのが本来の性質。だが、もし石をも浮かばせるような『縁』に出会ったとしよう。たとえば、投げた石がたまたまイカダや舟の上に転がってしまったら、さしもの石も沈まぬであろう。

逆に、本来、水に浮かぶのが性質の舟でも、嵐に出遭《であ》ったり、大きな岩にぶつかって舟底に穴があいたりすれば、沈むこともあるであろう。

人間も同じ。地獄に堕《お》ちても仕方がないほどの極悪人であっても、もし極楽《ごくらく》に浮かび上がれるような善き縁に出会い、悔い改め、善事善根《ぜんじぜんごん》を積むべく懸命に努力をすれば、救われるであろう。

逆に、極楽に行かれるような善人でも、地獄に堕ちても仕方がないほどの悪縁に出遭ってしまい誑《たぶら》かされるようなことがあれば、さしもの善人も地獄に堕ちるであろう。

努《つと》めて悪縁を遠ざけ、善縁に触れることに努め、反省怠《おこた》らず、さらに努力することが肝心である」――

と説かれました。

縁とは、環境とも言えます。教育であり、政治、行政、法律でもあります。

人と人との関わりも縁。

世の中が真の平和になるためには、こうした縁をより善き縁とするよう、努めなければならないのではないでしょうか。

※文中「極楽」とありますが、これはあくまでも阿弥陀仏《あみだぶつ》の世界です。私共、法華経《ほけきょう》の立場から言えば、霊山寂光土《りょうぜんじゃっこうど》となります。

為《な》せば成《な》る

◆「あきらめ」は習慣化する

約二百四十年前、江戸時代、米沢藩《よねざわはん》（現在の山形県）の経済を立て直した上杉鷹山《うえすぎようざん》という名君《めいくん》がいます。

鷹山の、

「為《な》せば成《な》る
為さねば成らぬ　何事も

成らぬは人の　為さぬなりけり」

は、あまりにも有名な言葉です。

「目的を持ち、強い意志と、情熱と行動があれば、何事も不可能なことはない。達成できないということは、一度、二度の失敗、挫折で諦めてしまい、実行しようとしないからである」という意味です。

物の本に書かれていた、心理学の実験の話を紹介します。

——小さな容器に蚤《のみ》を入れて、蓋《ふた》をした。逃げ出そうとして、ピョンピョン跳《は》ねるが、その度に蓋にぶつかり、落ちてしまう。何度落ちても、箱から逃げようとして、跳ねることをやめない。

しばらく経って、容器の蓋を取り除いた。相変わらず跳ね続けている。

ところが、蓋のあった高さスレスレまでは跳ねるが、何とそれ以上は高く跳ねなくなってしまった。

蚤はあきらめたのである。学習し習慣化してしまった――

別の実験。

――大きな水槽《すいそう》の中間をガラス板で仕切り、一方にサワラ、一方にカマスを放した。

カマスは、大きさは約三十センチ。大きくはないが、どう猛な魚。

サワラは、ものによっては大きさが一メートルほどになる。大型だが温和《おとな》しい。

水槽の中のカマスが、サワラを猛然と襲う。ところが、鼻がペチャンコになるほど仕切りにぶつかる。

何度も襲いかかり、そのたびにガラスにぶつかる。とうとう懲《こ》りたのか、仕切りの直前で、スイと体を躱《かわ》すことをおぼえた。何度も痛い目にあった結果、ぶつからずにすむ方法を、学習したのだ。あきらめ、習慣化してしまった。

さて、仕切りを外した。

相変わらず、カマスは襲いかかるが、仕切りの直前、何と体を翻《ひるがえ》し、Uターンしてしまった――

この二つの実験結果ですが、どう思いますか?

お互い、蚤やカマスを笑えませんね! 人間だって、虫や魚と少しも変わりません。

◆何度でも挑戦しよう

私たちは、沢山の環境に取り囲まれて生きています。

家庭、学校、会社、社会。

地震、台風、雨、雷……など。

幸、不幸、苦楽、失敗、成功など、人生における様々な出来事。

これらは私たちにとって、ある意味の蓋であり、仕切りガラスであり、バリアではないでしょうか。

私たちは、あらゆる環境の中にあって、行動や物の考え方が、いつの間にか習慣化してしまった。習慣化し、枠《わく》をはめ、それから出ようとせずに、小さく縮《ちぢ》こまってしまっているのです。

人間は皆、幸福を求めて生きています。誰一人として、より豊か、より健康で、明るい生活を望まない人はいません。

蚤は、もう一センチ高く飛び跳ねれば、蓋が外されているのが分かったのではないでしょうか！　でも実行しませんでした。

カマスは、もう一度ガラスに突進してみれば、仕切りがなくなっていることが分かったはずです。もう一歩のところで、あきらめてしまった。

さっきまでダメだったから、もう一度やってもダメに決まっている。本能的にそう思い込んでしまったのです。

私たちも同じです。お互い、人生を歩む中で、とかくそうなりがちです。会社で、組織で、社会で、どれだけ頑張ってみたところでムダ！　もう止《や》めよう、という自己規制、諦め……、いくつもの枠を、自分で自分にはめてしまっているのではないでしょうか。

挙げ句に、不平不満が先に立ち、己の至らなさを棚にあげ、他人や世の中のせいにしがちです。

改めて、自分自身を見つめ、己の考え、生き方に枠がはまっているならば、枠を外しましょう。

ムダを承知でもう一度、挑戦してみましょう！

蓋や、仕切りの板が、外れているかもしれません。

お互い「為せば成る」の精神で、何事もあきらめず、常に前向きで日々歩んでいこうではありませんか。

人間の価値

◆生きること自体に価値がある

私たちは、今まで人間の価値基準を「成功した人生」「ほどほどの人生」「失敗の人生」などに区分して来たような気がします。

しかし、人の一生は、各々《おのおの》が掛け替えのない一生なのであって、それに特上とか、上とか、並とか、ランクをつけるのは間違っています。

世のため、人のために尽くし、その結果、名誉を得たり、努力を重ねて、富、社会的地位を得たり、若くして天才、ヒーローとして讃《たた》えられたり、これはこれで素晴らしい。ですが人間の本来の価値とは、あまり関係がないのではないか。人の価値は、この世に生まれて「生きること」にこそあるとも言えるのです。

考えてみると、私たち人間が生き続けることは大変なことです。人だけでなく植物も動物も生きとし生けるものすべて、命を保《たも》つために日夜生きることに、もの凄い努力をし続けているのです。

アメリカのある学者の実験です。

——四角い箱に砂を入れ、ライ麦の苗を植え、水を与えながら育てると、ヒョロヒョロした、色艶《いろつや》も悪い、実《み》も少ししか付けていない貧弱なライ麦が育った。このライ麦が、どれだけの長さの根を張りめぐらしているかを計測する。目に見える根の部分は物差しで測《はか》り、小さな産毛《うぶげ》のような根も全部顕微鏡で計測。総延長は何と一一二〇〇㎞。その根で水分や、多くの養分を休みなく吸いあげ命を保っている。命を支えるというのは、実に大変な営み。大した実もつけず、色艶の悪い麦に対し「お前、実が少ないじゃないか！　貧弱じゃないか」と非難など出来ず、むしろ「よく頑張った！」とその生命力に対して賛嘆するしかない――と、学者は述懐《じゅっかい》しています。

何と、根の長さが日本列島の約三倍！　信じられない話です。

一本の麦がそうであるように、否《いな》それ以上に、私たちも生きていくために様々なものを必要とします。

太陽、空気、水、魚、肉、野菜など、あらゆるものの恩恵を蒙《こうむ》ってこの命を支えているのです。

自然の美しさにふれ、色とりどりの草花に安らぎをおぼえ、鳥や虫の声《ね》に心を和《なご》ませることも大切。人生の目的、仕事などを通じての、いきがいも大事です。

文化、芸術、学問など、心の栄養も必要でしょう。

何よりも魂《たましい》の食べ物が必要であり、これこそ宗教なのです。

また私たちは生きるために、目に見えないところで、身体そのものがどれほど頑張って自分を支えているか、計《はか》り知れないものがあります。

ウィルスなどに対して、起きている時も寝ている時も、休むことなく戦い続けてくれています。

身体中に張りめぐらされている神経の総延長は、三二〇万キロになるそうです。何と、地球八十周分。

さらに、健康を維持するためのあらゆる営みが体内で行われ、血液が流れ、酸素、養分を補給し続けています。

その結果、お互いに一日を生き、さらに長い年月、生き続ける訳です。

そのことを考えると「生きている」というだけでも、もの凄く大きなことをやり遂《と》げている、と思わざるを得ません。

◆生きている自分を誉《ほ》め、他も愛する

世の中には、恵まれたエネルギーや、才能を持った人は沢山います。天才、秀才と呼ばれる人たち。そういう人は大きな仕事を成し遂げ、世間から賞賛と拍手を受ければよいのです。

しかし、その人たちはそれを誇るべきではありません。人並み以上の才能とエネルギーと幸運を与えられたことを、謙虚に感謝すべきです。

私たちは私たちで、その人たちを羨《うらや》む必要など全くありません。

人は「生きた」ということにこそ値打ちがあるのです。生きているだけで、充分大きなことを成し遂げているのだと自信を持ちましょう。

これから先、ますます生きづらい、難しい時代になるかもしれません。

しかし、どんなに辛く、苦しくても自分の尊い命を大切にしましょう。同時に

他人の命、他のあらゆるものの存在の価値を認めましょう。

お互い、生きること自体に価値があるのだ、と認識し、一本のライ麦のように目に見えない根を、全宇宙に張りめぐらしながら生きていく、そのことを大切にしようではありませんか。

人さまに自慢するほどの者ではないけれど、自分を信じ、愛し、今日まで生きて来たことに対して自分を誉めてみたらどうでしょうか。勿論《もちろん》、他を愛することも忘れずに……。

国を愛する心

◆国のために役立つ人間になろう

テレビのニュースを見て、驚いたことがあります。

インタビュアーが、若者たちに質問をしていました。

「お父さんやお母さんが年をとったら、当然ご両親の面倒をみるのでしょう？」

すると、若者たちは、

「そんなもん、するわけないじゃん！」

「じゃあ、いったい、誰が面倒をみるの？」

「勿論《もちろん》、国に決まっているじゃん！　国がみてくれるさ！」

この応答に吃驚《びっくり》！　呆《あき》れ果ててしまいました。もっとも、こんなことは一部の若者とは思いますが、子としての義務を放棄し、国に対して理不尽にも見当違いの要求だけはしているのです。

小学校の入学式で、父親がインタビューに答えていました。

アナウンサーの、

「学校に何を期待しますか？」

という質問に、

「まず第一に、子供に礼儀作法を教えてもらいたいと思います」

にも、呆れました。

父親は、もしかすると子供に教えたくても、自身が親から躾《しつ》けられていないのではないか。そのため何をどう躾けたらよいのか、分からないのではないか？とも感じました。

若者についてですが、こんなデータもあります。

平成二十五年に内閣府《ないかくふ》が日本、アメリカ、韓国、イギリス、ドイツ、フランス、スイスの七カ国の若者を対象に「自国に対する思い」など、種々の調査をしました。意外にも「国のために役立つことをしたい」は、日本の若者の割合が半数以上に上り、トップだったそうです。まだ、見捨てたものではありません。

◆先人《せんじん》への感謝を忘れずに

「日の丸」や「君が代」について、種々の議論があります。

この問題を議論する前に、まず私たちが考えねばならないことがあると思うのです。今の日本人が、どれだけ国の存在に対して、感謝の気持ちを持っているだろうか、ということです。要求や期待は、過度と思われるほど主張しますが、どれだけ感謝をしているのでしょうか。

もっとも、国も国民の犠牲なくしては存在出来ません。

多くの国は国益《こくえき》を守るため、あるいは民族の独立をめぐって、尊い人命が多数失われていることを知らなければなりません。

現在、世界中で紛争により数え切れぬほどの血が流されています。

今は平和でも、過去に血塗《ちぬ》られた歴史のない国は皆無《かいむ》と言っても過言ではないのです。

アメリカ、イギリス、フランス、ドイツ、ベトナム、中東諸国……。

数えればきりがありません。

日本も、日清、日露の戦争にはじまり、七十年前のあの世界大戦。

相手にも多大の被害を与えましたが、日本でも多くの国民、特に若者たちが国のために血を流し、死んでいったのです。私たちは、そのことを決して忘れてはいけないのです。

どちらが良いとか悪いとかではない。戦争というものはそういうものなのです。私たちは、実に沢山の尊い生命が、戦争で犠牲になったことを、決して忘れてはなりません。

日本人は建国以来、一度も国を失った経験がないため、国に対する意識が希薄なのでしょうか。

国を失ってから、国の大切さに気づいても遅いのです。

世界の中では、今でも雨露《あめつゆ》が凌《しの》げ、食べられて、仕事がある、家族が揃《そろ》って暮らせる。それだけで充分有《あ》り難《がた》いと思って毎日を暮らしている人々が沢山います。

ところが今の日本では、そんなことは当然であるかのように、感謝の念を抱く人は少ないようです。

それどころか、権利のみを主張し、やれ社会が、国が悪いと非難したり、不平不満を露骨に言動に表《あら》わす傾向にあり、誠に残念でなりません。

今こそ、改めて七十年前、先人たち、若者たちが国を守るために血を流し、命を落としたことを肝《きも》に銘《めい》ずべきです。「安心」「安全」は、当たり前ではないのです。

お互い、国土が安泰であることに心から感謝し、さらに私たちなりに、国に対して何をすることが出来るのか、何をすべきかを真剣に考えなければなりません。

過去の多くの人の多大なる犠牲の上に今、私たちは平和な日々を送っていることに、改めて心から感謝しようではありませんか。

国名と国旗の由来

◆日本は太陽の国、日の丸は太陽のシンボル

古来、日本人は太陽の恩恵を蒙《こうむ》って生かされていることを自覚していました。従って、太陽を神と崇《あが》め、毎日手を合わせ一日の無事の祈りと感謝の心を込めて拝《おが》んだものです。

今ではわずかの人が、元日《がんじつ》の朝、ご来光《らいこう》と称し「初日の出」を拝む程度になってしまいました。

この世から太陽がなくなってしまったら、たちまち地球は真っ暗闇。人類はもとより、すべての生物は死滅してしまう。

皆太陽の恵みによって生かされているのです。自分たちの命の源こそ、太陽であるとして大切にして来たのです。つまり、命の源は太陽。即《すなわ》ち「日の本《もと》」であり、この「日の本」の「の」がとれて「日本」という国名になったと言われています。

日本の国旗「日の丸」は、その色の対比の鮮やかさと、すぐれたデザインにより、世界の国旗の中でも、大変素晴らしい旗として、多くの海外の国から賞讃されています。

明治時代、フランスから売ってほしいと言われたほどです。

◆日の丸は戦争の時だけ使われたのではない

「日の丸」が日本の国旗となった由来について述べます。

日本人は農耕民族であったことが強く影響し、冒頭で述べたように、太陽の恵みに感謝し、神としても崇めてきました。この太陽崇拝から、太陽をかたどった「日の丸」が生み出されたようです。

平安時代「日の丸」を多くの武士が、軍扇《ぐんせん》や旗印《はたじるし》に用いるようになりました。源平《げんぺい》の屋島《やしま》の合戦《かっせん》において、源氏の若武者、那須与一《なすのよいち》が平氏の船に掲げられた、紅地に金色の「日の丸」を描いた扇《おうぎ》を射落《いお》とした話は有名です。

上杉謙信《うえすぎけんしん》、武田信玄《たけだしんげん》、伊達政宗《だてまさむね》など、多くの戦国武将が、「日の丸」を旗印に用いたことが記録に残っています。

天下分け目の関ヶ原の合戦では、沢山の「日の丸」の旗が立ち並んだそうです。豊臣《とよとみ》、徳川《とくがわ》時代、海外貿易に用いた「御朱印船《ごしゅいんせん》」に「日の丸」の旗が掲げられるようになり、次第に公的に使われるようになりました。

時代が下がり、江戸時代末期。

一八五三年、アメリカのペリー提督一行が、黒船《くろふね》四隻《そう》に乗り込み、日本（神奈川県三浦半島の浦賀《うらが》沖）にやってきました。マストにはアメリカの国旗「星条旗《せいじょうき》」が堂々と掲げられていました。

ペリーは、ただちに徳川幕府に対し、鎖国《さこく》を解き、通商、交易のため開国するよう迫ったのです。

幕府は、来春までに返事をするとし、ひとまず退去してもらいました。

危機を感じた幕府は、その間、防備を固めるため急ぎ大型船を建造しました。その時、出来上がった船の「船印《ふなじるし》」を、どのように定めるかの議論となりました。

重臣たちの多くは、白地の中央に黒の横一文字を描いた旗を用いるべし、と主張しました。

対して、薩摩藩主、島津斉彬《しまづなりあきら》は、郷里・桜島に上がる朝日をみて「これからの日本は、人々が命の源として敬ってきた、あの輝き昇る旭日《きょくじつ》の如く勢いある国にしなければならない」と、太陽を象徴した「日の丸」にすべしと提案しました。水戸の徳川斉昭《なりあき》も賛同し、幕府に強く求め、現在の「日の丸」の国旗が正式に決まったとのことです。

一八六〇年、勝海舟《かつかいしゅう》が「咸臨丸《かんりんまる》」の艦長として、アメリカ・サンフランシスコに入港しました。

船に「日の丸」の国旗が、高々と翻《ひるがえ》っていました。

港に入らんとした時、咸臨丸は国際儀礼に従い、数発の礼砲を鳴らしました。すると、港に停泊していたアメリカの船が一斉《いっせい》に、マストにスルスルと「日の丸」を掲げ、歓迎の祝砲が放たれました。

その後、ニューヨーク、イギリス、オランダ、ロシア、フランスへと渡りましたが、すべての港の船がマストに「日の丸」を掲げたとのことです。

いずれの国も上陸すると、無数の「日の丸」が市内に掲げられ、街頭に立ち並んだ人々は、手に手に「日の丸」を持って、一行を歓迎したそうです。

このように「日の丸」は、平安時代からはじまり江戸時代以降、平和の使徒として世界に翻《ひるがえ》ったのです。

戦争の時にだけ使われたのではない、ということを私たちは知らなければなりません。

新旧交代

◆死があるから新たな生命も生まれる

太平洋戦争（第二次世界大戦）に敗れ、平成二十七年八月十五日をもって、終戦七十年を迎えました。

明治、大正はおろか、もはや昭和も遠くなりつつあります。

日本人の寿命は大幅に伸び、平成二十五年には、男女とも平均八十歳を超えました。

明治、大正時代は、男女とも平均寿命四十代。

昭和二十二年、五十代。

昭和二十六年、六十代。

昭和四十六年、七十代。

その後、伸び率は下がりましたが、平成二十五年に至り、ついに男女とも八十歳を超えました。

要因は色々でしょう。

戦後の目覚ましい経済発展。

医学、医療の進歩。食、住の充実。電気、道路、病院、社会福祉をはじめ、あらゆる社会生活の営みに関するインフラの整備、充実が挙げられます。

日本人はそうした環境のもと、今や平均寿命九十歳、百歳に迫る勢い。

それどころか簡単には死ねない、死なない時代になったのでは、と思わず言いたくなるほどです。

滅《めっ》せぬものはなし。この世に生を受けたものはいつか最期《さいご》を迎えねばならぬのは自明の理です。

しかし死は、また新たな生命《いのち》を生み出す、ということも言えるのではないでしょうか。その意味で死は、価値あるものです。

山中湖《やまなかこ》にある私共の研修所の樹木に勢いがない、と植木屋さんに言われました。

「なぜ？」

「落ち葉などをきれいに掃《は》いてしまうからだよ。生物の死体や、糞《ふん》、落ち葉が腐って新しい生命を生み、育て、守るためには必要なんだ。

庭の樹木には、水をやり、肥料を与えることがあるが、自然の山を見てごらんよ。

多少の手入れはするけれど、いちいち水をまいたり、肥料をやったりはしないよ。基本的には、自然の営みに任せることが一番良いんだよ」

考えさせられる話です。

◆死なぬ人一人《いちにん》もなし

今世界の人口は、七十三億人。

一分に百三十七人、一日で二十万人、一年で七千万人が増えています。

世界中で一年に一億三千万人が産まれるそうですが、反対に一年で六千万人が亡くなるので、差し引き七千万人が増える計算となります。

今でも九人に一人が飢餓《きが》状態なのに、これ以上増え続けると水と食糧が完全に不足します。その上、石油の枯渇《こかつ》と森林が失われ、海、川も濁《にご》る。温暖化など問題が山積みです。

ますます貧富は拡大し、人々の争いも頻発する。

増えすぎた人間の生活は、地球からの恵みを超えそうです。地球上に溢《あふ》れ、増えすぎた人間たちを養うには、水も食糧もあまりにも足りない。その上、もっと恐ろしいのは、新しい生命が芽生えなくなってしまうことです。ですから、これ以上、人の生命を無理矢理延ばすことが、果たして良いかどうかということです。

すべての事象、ものには新旧の生命の交代がある。老い、古びたものは新しい生命と代わる。それが自然の摂理《せつり》というものです。

私事ですが、平成二十六年、後期高齢者となりました。お陰《かげ》さまで、不都合なくさしたる病気もせず今日に至ったのは、ひとえに多くの方々、あらゆるものの支えがあればこそ。

何よりも、ご先祖、仏天《ぶってん》のご加護があればこそです。あらためて感謝、感謝です。

しかし、寿命はいつか尽きます。明日かもしれないし、暫《しば》らくの猶予《ゆうよ》があるかもしれません。こればかりは分かりません。残された時間が多少なりともあるならば、その間、悔いのないよう、納得のいく時間を過ごしたいと思います。終わりよければすべて良し、とはいかないでしょうが、何事も終わりは大事です。

「死なぬ人一人《いちにん》もなし心得《こころえ》よ　臨終のこと大事なりけり」

とは、江戸時代末期の高僧の教えです。

人間いかにあるべきか、いかに生き、いかに老い、いかに病と対し、最後いかに死を迎えるかが、人間にとっては大切なことなのです。

蝋燭《ろうそく》は太い、細い、長い、短いの違いはありますが、身を滅しながらも光を発し、周りを照らします。

人間、それぞれ違いがあるものの、与えられた人生、生命を大切にし、自分なりの明《あ》かりを灯《とも》し続け、蝋燭がそうであるように、パッと一瞬大きく光って終わりたいものです。

ありがとう

◆日本国民の心からの「ありがとう」

リオデジャネイロオリンピック・パラリンピックでの日本人選手の活躍が、平成二十八年、テレビ、新聞で連日報道されました。日本中が、血湧《わ》き肉躍《おど》る毎日でしたが、そのオリンピックも終わりました。反動で暫《しばら》くは「リオロス」というか「兵《つわもの》どもが夢の跡《あと》」でしたが、心は早《はや》、東京。

オリンピック・パラリンピックの閉会式で、スーパーマリオに扮した安倍総理が東京から土管《どかん》を伝わって、反対側のリオに現《あら》われたのには、驚きました。光による映像も感動。

閉会式に映し出された復興と感謝をテーマにした英・仏・日・葡（ポルトガル）、四ヵ国語での「ありがとう」の文字が映し出されたのも、感動でした。三つの意味が含まれての「ありがとう」。

一、東日本大震災に、世界の人々からいただいた支援に対し。

二、次回オリンピックに東京を開催地に選んでくれたことに対し。

三、ブラジル・リオデジャネイロに、素晴らしい大会を開催していただいたことに対し。

四ヵ国語で表現した、感謝と喜びが込められた日本国民の心からの「ありがとう」だと思います。

◆感謝の心の大切さ

今回のオリンピックほど、「感謝」の言葉を口にした選手たちはいなかったのではないでしょうか。

「支えてくれた人に」「応援してくれた人に」「チームの仲間に」「テレビを見ている人たちに」など、メダリストはもちろん、惜しくもメダルを逃した選手たちも、一様《いちよう》に感謝の言葉を述べていました。

自身の努力はさることながら、他の大勢の方のお陰《かげ》さま、支えがあっての自分、という古来日本人が大切にして来た価値観が現代の若者たちにも脈々と受け継がれているということを感じました。これにも大変、感動しました。もっとも、感謝する心は日本人だけではなく、世界中の人々が持っている、大切な人間としての心です。その証拠に、地球上どの国にも「ありがとう」を表現した言葉があるのではないでしょうか。

英語「サンキュー」。

フランス語「メルシィ」。

ポルトガル語「オブリガード（ダ）」。

中国語「シェシェ」。

ドイツ語「ダンケ」。

スペイン語「グラシアス」。

イタリア語「グラッチェ」……。

「ありがとう」は、人と人とを結ぶ大事な言葉。人だけではなく、この世に存在する、あらゆるものに対して「ありがとう」と言える心を持ちたいものです。

何気ない人さまの気配り、優しさ。道ばたに咲く名もない草花。

丸い月、欠けた月、キラキラと輝く星々……、あらゆるものに感動し、感謝する心こそ、人間には大切なのです。私たちには、感謝しなくともよいものなど、何一つありません。

「ありがとうございます」という感謝の心を込めて一日一日を過ごすことが大切です。

私共の寺院では、信徒同士の挨拶《あいさつ》で「ありがとうございます」と言います。「こんにちは、ありがとうございます」「ありがとうございます、おはようございます」など、世間一般の挨拶の前後に言います。

私共は「ありがとうございます」に三つの意味があると教えられています。

一、他から施《ほどこ》された時、感謝の心を込めて「ありがとう」と言う。

他に施した時「ありがとう」と言われる。このように、一般に感謝の心を表す言葉としての「ありがとう」。

二、「ありがとう」を漢字にすると「有《あ》り難《がと》う」。「有《あ》り難《にく》い」「有《あ》り難《がた》い」とも読む。

普通のことが普通に出来ることは、当たり前でも何でもない。お互い、お陰さまで日々不都合なく暮らしているが、兎角《とかく》、これが当たり前、普通と思いがち。

本当は有《あ》り難《にく》いこと、有《あ》ること難《かた》いのだ、と心から感謝して「ありがとう」。

三、「有り難う」は、逆さに読めば「難有《なんあ》る」すなわち「難有《なんあ》って、ありがたい」。

人生、辛く、苦しく、悲しく、不本意なことが多い。でも、それらはやがて、喜び、楽しみを生み出す、産みの苦しみ、試練、成長の糧《かて》と思いを変えて「ありがとう」と感謝しよう。「難有《なんあ》って有《あ》り難《がた》い」と思いを込めて「ありがとう」。

以上、私共の三つの意味を込めての「ありがとう」についてご紹介しました。

挨《あい》拶《さつ》

◆挨拶は人間関係の基本

あるマンションで、施設内での挨拶を禁止したというニュースが新聞、テレビで報道されました。

「とうとうここまで来たか！」

率直な思いです。

マンションの住民同士が、互いを無視し、無言ですれ違う光景を想像するだけで不気味です。

朝、すれ違う子供に「おはよう！」と声を掛けても返事をしない、という話をよく耳にします。「知らない人に挨拶をしてはいけない。声を掛けられたら逃げろ！」と、親や学校が、指導しているとのことです。

悲しいことです。子供の連れ去り防止だそうですが「知らない人についていってはいけない！」と、徹底して言い聞かせれば済む話ではないでしょうか。挨拶をして無視されると、どうにも居心地《いごこち》が悪いものです。挨拶をして不審者扱いされ、疑われるくらいなら、無関心を装《よそお》うほうがまし。無関心にならざるを得ない、ということになりかねません。

挨拶は、人間関係の基本。挨拶こそが、犯罪抑止になるのではないでしょうか。

「連れ去り」と「挨拶」は、別な話です。

「挨拶」は、人間同士のコミュニケーションの第一歩です。

幼いうちから、習慣化させなければなりません。

いずれ子供たちは、否応《いやおう》なく社会に出て行かなければならない。そうなると、周りは初対面。見知らぬ人たちばかり。その中で、社会生活を円滑に営むためには、絶対的に周りの人たちとのコミュニケーションを図らねばならないのです。

その時の大事な第一歩が「挨拶」なのです。

◆挨拶は「我《が》」を断ち素直な心を育てる

スペインの思想家、ホセ・オルテガ（一八八三年〜一九五五年）は、

「人間が動物と大きな違いが生じたのは、挨拶を覚えた時である。

それまでは、すれ違っただけで、たちまち武器を手にとり、相手に殴りかかったそうである。

大勢の人間が無駄に傷つき、死んだりするので良くないと考えた。

そのため、人と会った時『私は貴方《あなた》に敵意を持っていません』という意思を表示するために『ニコッ！』と笑い、一言、二言、語りかける慣《なら》わしを作ったそうである。

人間の始まりは挨拶の始まりであったそうである」

と、述べています。

挨拶がいかに大事か、ということです。

森信三《もりのぶぞう》（明治二十九年～平成四年）という、有名な哲学者であり、教育者がいました。西田幾多郎《にしだきたろう》門下です。

彼がある保育園で、母親を対象にした講演で、

「一、朝の挨拶の、お早うございます！　が出来る子に。

二、ハイ！　と、はっきり返事の出来る子に。

三、レストランなどで席をたったら、必ず椅子《いす》を戻す。履《は》き物を脱いだら

必ず揃《そろ》える子に。

以上の三つは、躾《しつ》けの三大原則。絶対に躾けて下さい。

それには、まずお母さん方《がた》が手本を示すことです。

特に、ハイ、という返事は、人間の我《が》の心を断つのです」

と言われたそうです。

「ハイ」という返事は本当に大事。

相手に対する気配りでもあるのです。病院などで順番を待っている時、呼ばれて「ハイ！」と返事をする人はまず少ない。特に、子供連れのお母さんなどは、心して返事をしてもらいたいものです。

「ハイ」という返事は、素直な心がないと出来ない。素直でない人も、努《つと》めて「ハイ」という習慣をつけると、自然と素直な心を持つようになるのではないでしょうか。

「ハイ」は、自分の心の中にある「我」を断つのです。「おれがおれがの我を捨てて、おかげおかげの下で暮らせ」という言葉があります。謙虚、素直な心を持つことにより、己《おのれ》自身を高める大事な修行なのです。兎角《とかく》、ギスギスし、潤《うるお》いの欠けた世の中にあって、「今日《こんにち》は！」という挨拶。「ハイ！」という返事。さらに、何かに付け「有《あ》り難《がと》う。有り難うございます」と言い、人に迷惑をかけた時「ごめん。すみません。申し訳ありません」と、口にしたいものです。

至《し》誠《せい》惻《そく》怛《だつ》

◆自分のためよりも他のため

平成二十七年に、大村智《おおむらさとし》・北里大学特別栄誉教授が「ノーベル医学・生理学賞」、梶田隆章《かじたたかあき》・東京大学教授が「物理学賞」を受賞しました。

平成二十八年には、大隅良典《おおすみよしのり》博士が生理学・医学賞を受賞し、平成になって実に十八人の受賞者です。文学賞受賞の大江健三郎《おおえけんざぶろう》氏を除いて、十七人すべて生物・医学・物理・化学等、自然科学の分野の方々です。

時を同じくして、金星への軌道《きどう》に探査機「あかつき」が見事に投入し、成功しました。

日本は、今や世界最高峰の学術、技術力を有する国となりました。

これからは、こうした智恵と技術を駆使して世界最高の製品を開発、製造することこそ生きる道、あるべき姿ではないでしょうか。

大村教授は、山梨大学助手を経て、北里大学に奉職。さらに、アメリカに留学しました。アメリカ留学の時、上司から「行くのは勝手だが、日本に戻ってきても君のための研究費は無いよ」と言われたそうです。「そうであるならば、アメリカで集めるしかない！」と、製薬会社を回って研究費を集め、生まれたのが家畜用の寄生虫駆除薬「イベルメクチン」でした。教授は、開発で得た特許料の約二百億円をそっくり北里研究所に入れたそうです。

その後、開発されたのがノーベル賞受賞対象となった、アフリカや中南米で発生している寄生虫によって人が失明する「オンコセルカ症」に有効な「イベルメクチン」です。

教授の凄いところは、特許権の一部を放棄したことです。これにより、世界保健機構は、十億人以上に「イベルメクチン」の無償提供が出来たとのことです。そのため、医学・生理学賞のみならずノーベル平和賞にも相当すると評価されています。

教授は「研究が動物だけでなく、人間のためにもなったことが、とても嬉しい」と述べましたが、ことあるごとに「人のため」が口癖《くちぐせ》です。「自分のためよりも他のため」が一貫した教授の姿勢です。

家が忙しく、母親に代わり育ててもらった祖母から口癖のように「人のためになることをしろ」と言われたからだった、とのことだそうです。

◆ささやかでよいので、他のために灯火《ともしび》を灯《とも》そう

教授は毎年正月、一年の抱負《ほうふ》を色紙に書いて研究室に飾るそうです。ノーベル賞を受賞した年の色紙に書いた抱負は、「至誠惻怛《しせいそくだつ》」でした。

中国の儒学者・王陽明《おうようめい》の言葉です。

「至誠は、他に対して誠《まこと》を尽くすということ。

惻怛は、惻も怛も同じ他の痛みを悲しむ心。常に誠を尽くし、他を哀れむ心を持つことは、人としての基本であり、人の歩むべき道」

という教えです。

当《まさ》に、仏教に説く慈悲です。

大村教授は、至誠惻怛について、

「素晴らしい業績も、国のために誠を尽くすという、公《こう》を大事にする心から

発したものでなければ、それはただの私利私欲に過ぎない」

と、述べています。

ノーベル賞の対象となった新薬開発のきっかけは、アフリカのガーナに行った時のことだそうです。

村の其処《そこ》、此処《ここ》の木陰で、たくさんの人たちが屯《たむろ》していました。

ガイドに、

「何もしないでゴロゴロしているあの人たちは、一体何ですか？」

と、質問したところ、

「みんな、寄生虫にたかられ、失明して仕事が出来ないのです」

と、返事が返ってきました。

この光景を見て驚愕し、以前開発した家畜用の「イベルメクチン」を何とか人間に応用できないのか、と研究に研究を重ねたのです。

受賞のインタビューで、

「微生物《びせいぶつ》の凄い能力を、何とか引きだそうとしてやってきました。微生物が良いことをやって呉《く》れているのを頂《いただ》いただけ。自分が偉い仕事をしたとは思っていません」

と、答えました。

子供の時からお婆ちゃんに「人のためになることをしろ」と言われ続け、以来、常に他のためになることを考え続けた、いかにも教授らしい謙虚な物言いです。

至誠惻怛に相応《ふさわ》しい教授です。

大村教授ほどの大きな灯火《ともしび》を灯《とも》すほどの凄いことは、なかなか出来ませんが、少なくとも、自分たちの出来る範囲で、ほんの一隅で、ささやかな灯火でも良いから、他に、人に、周りに、少しでも明るさを、喜びをもたらす人間になるよう心掛けたいものです。

知《ち》足《そく》

◆吾《ご》、唯《ゆい》、足《そく》、知《ち》

寺院の境内《けいだい》や、茶室の外などに手水鉢《ちょうずばち》として置かれている石があります。手を洗うために蹲《つくば》う、という意味から蹲《つくばい》と名付けられています。

蹲に、中央に四角の穴が掘られ、回りに「五《ご》」「隹《すい》」「止《し》」「矢《し》」と刻まれているものがあります（次頁図参照）。

中央の四角を「口《くち》」の字にあて、四文字の言葉が表《あら》わされ、「吾《ご》」「唯《ゆい》」「足《そく》」

「知《ち》」となります。

読み下すと「吾《わ》れ唯《ただ》、足《た》るを知《し》る」ということです。

仏教の教えの中でも、重要な教えの一つです。何事もほどほどに、応分《おうぶん》にしなさいということです。

「過ぎたるはなお及ばざるが如し」という格言もあります。これは、論語《ろんご》に出てくる「人の言行《げんこう》には中庸《ちゅうよう》が大切である」との話に基《もと》づいています。何事もほどほど、良いことでも、いき過ぎは害になるということです。

知人に、食物《しょくもつ》からではなく化学製品のみでカルシウムを大量に摂《と》り過ぎた結果、結石《けっせき》を起こしてしまった人がいます。

酒飲みが「酒は百薬の長」と、薬だからと豪語して、毎日一升《いっしょう》酒を飲んだ結果、肝臓を壊して死んでしまっては、元も子もありません。大事なことは自身の適量、どの程度が薬となるのか、ということを自覚することが大切です。

薬、酒だけではありません、何事も良い加減、中庸が肝心です。

◆欲に限りなし

人間は良い意味で、「より多く」という精神をもって生きています。人類の歴史がはじまって以来、「より多く」の精神の積み重ねによって、成り立っていると言えるのではないでしょうか。

遠い過去の祖先より、もっと豊かに、より便利に、より幸せに、より健康に、と懸命に努力し、次々と、その世代の人々の手によって、積み重ねられた土台が今日に至り、私たちもまた、その上にあって現在、平和で豊かな暮らしの恩恵を受けていることは事実です。

数々のお陰《かげ》に対して深く、感謝しなければなりません。その上で、今の状態にただ安住するのではなく、さらに努力を重ね、より豊かな土台を築くように努め、次の世代の人々にしっかりと残していく責任があるのです。こうした意味で「より多く」の精神を、単に否定することは出来ません。

ところが「より多く」をどんどん積み重ねていくと、際限《さいげん》がなくなる。自然環境を破壊したり、他を犠牲にしたり、人類の発展のみを優先しては、やがては大きなシワ寄せを招くことになりかねません。ですから「これ以上は駄目!」と、どこかでストップをかける必要があります。足ることを知ることです。足ることを知らず、際限なく求め続けると、やがては得ることが出来なくなる。

その時、不足、不満に変わります。

人間、まず、今在《あ》ることに感謝したいものです。

仏教経典・法句経《ほっくきょう》には、

「欲に限りなし、金貨の雨を以《も》ってしても　欲望は満たされることはなし」

とあります。

欲望というものは際限がなく、もうここで充分ということが、なかなか出来ないようです。豊かになればなるほど、物が溢《あふ》れれば溢れるほど、欲は尽きず、手に入らないと不足、不満が出る。人間というものは、限りなく欲するものなのでしょうか。

古歌にも、

「世の中は一つかなえばまた二つ、三つ、四つ、五つ、六《む》つかしの世や」

とあります。

「より多く」と言わないために、限りない欲にストップをかけるために、どのようにして自分自身の心の中にブレーキなるものを作り上げていくかが、今後の私たちの使命であり課題なのです。

南米のウルグアイ国のホセ・ムヒカ元大統領は「世界一貧乏な大統領」と言われています。彼は、ブラジルでの国際会議「環境の未来を決める会議」で「貧乏とは物が無いのではなく、あっても満足しないことだ」と発言して一躍有名になりました。

大統領は物質的には貧しいですが「世界一豊かな大統領」です。彼ほどではないにしても、お互い常に己《おのれ》を律《りっ》し戒《いまし》め、貧《むさぼ》りとなる前に、どこで一線を画《かく》すか？　を自身に問いながら軌道《きどう》を修正し、人間としての正しい道を歩んでいきたいものです。

さとり

◆死を受けとめる

日本人の平均寿命が、男女共に八十歳を超えました。女性に至っては九十歳にせまる勢いです。

いずれ、百歳を超える時代に入るのではないでしょうか。

要因は色々でしょうが、なんと言っても医療、医療制度、食、福祉などの充実が言えます。

さとり

新聞で、iPS《アイピーエス》細胞から眼球を作り、そっくり入れ換える実験に成功し、ごく近い将来、実際に役立てることが出来るようになった、というニュースを見ました。緑内障《りょくないしょう》、黄斑《おうはん》変性症で悩んでいる人などには、朗報だそうです。

それはともかく、今でも耳が遠くなれば補聴器。目なら眼鏡、コンタクトレンズ、それでダメなら手術。歯は入れ歯、インプラント。心臓はペースメーカーに、人工弁、一頃はヤギやブタの弁でした。

場合によっては心臓、丸ごと交換。腎臓、肺、肝臓、膵臓《すいぞう》、小腸、骨髄《こつずい》……、みんな人さまのもらい物。

歩けなくなったら人工関節。

人間だから可能であって、動物だったらどうでしょう?

トラやライオンが眼鏡をかけて、耳に補聴器。入れ歯に、ペースメーカー。

膝は人工関節。

もういけません。その中の一つでも悪くなったら、餌《えさ》を獲《と》れません。

もはや死ぬ運命です。

人間は医療の進歩で、たいていの病気は治してしまう。

本当は、耳が遠く、目は見えづらく、物が噛めなくなり、歩行困難になったら、動物と同じで、そろそろ死ぬべき運命が迫っている、と自覚しなければならないのかもしれません。

自覚があれば、身体の不調を感じても、それなりに泰然《たいぜん》と受けとめることが出来るのかもしれません。

与えられた一日、一日を徒《いたずら》に過ごさぬよう心掛けることも出来る。

そうすることにより、しっかりと死の自覚、心得《こころえ》を持つことが出来るのです。

その延長線上に、納得したゴールが待ち受けているのではないでしょうか。

お互い「我が人生悔いなし」と従容《しょうよう》として死に赴《おもむ》くことが出来るのかもしれま

せん。

「死なぬ人一人《いちにん》もなし心得よ　臨終のこと大事なりけり」

とは、幕末のある高僧の教えです。

◆与えられた命をしっかりと生き切る

明治の初期に活躍した俳人、歌人に正岡子規《まさおかしき》がいます。

当時、不治の病と言われた結核にかかり、二十一歳の若さで大喀血《だいかっけつ》をしました。

これがもとで、病と闘う日々を送ることになりました。

明治三十五年（一九〇二年）、三十四歳で亡くなりましたが、亡くなるまでの約半年、「病牀六尺《びょうしょうろくしゃく》」と題して、随筆《ずいひつ》を新聞に連載しました。死の三ヵ月前、六月二日の日記です。

「余《よ》は今まで、悟りということを誤解していた。悟りということは、いかなる場合にも平気で死ぬること、と思っていたのは間違いで、悟りということは、いかなる場合にも平気で生きている、ということであった――」

死を目前にして尚《なお》、一日一日を大切に、よりよく生きることに心がけることが、真の悟りであると受けとめたのです。

たくさんの俳句、短歌、随筆を書き残し、人々に光と明るさと安らぎ、勇気をもたらしました。

ある四十代の女性の話です。

彼女は病、死をしっかり受けとめ、受け容《い》れ、その上で自らの生を大切に生きることに努めています。

九年前、乳がんと診察され、摘出手術を受けました。リンパも取りました。その後、再発し、二度目の手術を受けました。

ところが再び、肝臓にガンが見つかり、三度目の手術。半年間にわたり、入退院を繰り返しました。

お陰さまで、以来今日まで病と闘いながらも、日々、感謝と喜びの心を持って過ごしています。

彼女から手紙を貰いました。

「発症して以来、天から、御仏《みほとけ》から授かった身体、命と思っていました。でも、半年にわたる入退院を経て、授かったのではなく、御仏からお預かりしている身体、命と思い始めました。お預かりしたものは、いつかはお返ししなくてはなりません。

その時が来るまで大切に、しっかり生きなければいけない！　と思っております」

彼女は、正岡子規と同じように、与えられた命をしっかりと生き切ることが大事と悟ったのです。

現在、病と上手に付き合いながら、さながら蝋燭《ろうそく》が一瞬一瞬、我が身を削りながら光輝くように、懸命に生きることに心がけています。

おわりに

私は、法華宗《ほっけしゅう》（本門流）に属する獅子吼会《ししくかい》という寺院の住職をつとめています。

獅子吼会は、初代の大塚日現聖人《おおつかにちげんしょうにん》が、大正二年、日蓮大聖人《にちれんだいしょうにん》のご誕生日である二月十六日に、現在の千葉県・茂原市《もばらし》において創設しました。従って、日現聖人を私共は会祖《かいそ》と呼んでおり、以下、会祖と称します。

会名は、仏さまの説法を「師子吼《ししく》」といいますが、仏さまの説法そのままでは畏《おそ》れ多く「犭」偏《へん》をつけて「獅」とし「獅子吼会」と、会祖は命名しました。

当会は、釈尊《しゃくそん》の説かれた経典、特に法華経《ほけきょう》を依《よ》りどころとしております。

また、鎌倉時代に出現された日蓮大聖人、室町時代の日隆《にちりゅう》聖人、幕末から明治時代にかけて活躍された日扇聖人《にっせん》などの教えをもとに、僧侶と在家《ざいけ》信徒が一体となり修行し、実践につとめている教団です。

会祖は当初、在家でした。当時、母親が重度の眼病を患《わずら》い、失明の危機に瀕しました。八方手を尽くしましたが、医師からも見放されてしまいました。たまたま近くに、当時「霊験《れいげん》あらたかなお祖師《そし》さま」として、近隣近在から広く信仰されていた法華宗・大本山の鷲山寺《じゅせんじ》がありました。

会祖は、藁《わら》をも掴《つか》む思いで母を連れて鷲山寺に参り、三、七、二十一日間の祈願をしたところ満願《まんがん》の日、ドッと両眼から大量の血膿が流れ出し、やがて全快に至ったのです。このことがご縁で、代々の宗旨を改宗し、鷲山寺に入信しました。

その後、自らも多くの現証《げんしょう》（信仰を通して得た現象、利益《りやく》）を体得した会祖は、ますます法華経に対する揺るぎない、絶対の信念を深めていったようです。

さらに、病、不幸、貧困に悩み苦しむ人々を救わんとの誓願《せいがん》を立て、明治四十二年六月、出家得度《しゅっけとくど》しました。時に二十九歳。

四年後の大正二年二月十六日、獅子吼会を創設。時に三十三歳。

早速、翌日から布教の第一歩がはじまったのです。

背中に数日分の米、味噌、醤油等、食糧を背負い、二月の厳寒の中を野宿しながら二十数里《り》、約八十キロの道のりを歩いて東京にむかいました。

貧しい人には米、味噌等を与え、病人を探しては当病平癒《へいゆ》の祈願をし、次々と教化していったのです。

持参したものが無くなると茂原に戻り、再び食糧を背負っての弘通《ぐづう》の繰り返し。

こうして文字通り、無《む》から一人一人教化《きょうけ》していきました。

会祖が入信、出家した時、鷲山寺の貫首《かんじゅ》は先程の日扇聖人の弟子・日聞《にちもん》聖人であったため、会祖は日扇聖人に強く影響を受けました。日扇聖人は、行学二道《ぎょうがくにどう》に秀でた方で、特に仏教、日蓮聖人の教えを無学の者、年寄り、子どもにも分かるよう、平易な和歌にして詠《よ》んだのです。お教歌《きょうか》といいますが、その数三千余首。人々に親しみ、分かりやすい形で教えを弘《ひろ》めたのです。

また、日扇聖人は現証利益に重きを置き、多くの人々を救いました。

この影響を強く受けた会祖の、難しい教えを人々にいかに平易に説き、伝えるか、いかに人々に救いの手を差し伸べるか、という姿勢は、今日まで変わらず、まもってきております。この伝統を受け継いだ獅子吼会は、仏教、特に法華経、日蓮大聖人の教えを通じて、人々に「いかに生き、老い、いかに病、死と対処すべきか」等、生きる上での指標なるものを示すべく、僧俗一体《そうぞくいったい》となって日夜つとめております。

大法輪さまより「仏教の眼」を通して、現代の問題点について平易に述べてほしい、というご要望でしたが、どれだけお応えできたか、読者の皆さまに、意とすることをお伝えできたか、というと自信はありません。自信はありませんが、出来ないながらも、私なりに先師《せんし》の教えを通して「人間かくあるべき」という考えを述べてまいりました。

いかがでしたでしょうか。少しは味わっていただけたでしょうか。否、味わえずとも、匂《にお》いぐらいは嗅《か》げたと仰《おっしゃ》っていただけたら、真《まこと》に以《もっ》て光栄であります。

お目汚しのことでしたが、最後までお読み頂き、感謝に堪《た》えません。

今、日本は、世界は、この先どう進んでいくのか、混沌としています。

人口問題、食糧問題、政治、経済、貧困、相変わらずの戦争。

多くの課題が山積みです。こうした中にあって、私たち宗教に携《たずさ》わる者がいかにあるべきか、が問われていると思います。

改めて襟《えり》を正し、世のため、人のため、何をすべきか、と我が胸に問わねばなりません。宗教者として、自覚と使命感を持たなければなりません。

本文中「あるべき僧侶の姿」で述べましたが、概略申します。

——時代は常に変化している。あらゆるもの、人の心も時々刻々《じじこくこく》と変化する。宗教界だけが例外であってはならぬ。むしろ、宗教界こそ時の変化、移り変わる人の心を的確に捉《とら》え、変えるべきものは変えるという勇気と決断を持つべき。人々と共に歩まねばならぬ宗教が世間と遊離《ゆうり》しては、宗教の役割は果たせない。その昔、名僧、高僧と言われた方々は、大衆と共に歩んだ。常に救いの手を差し伸べ、悩みの受け皿となっていた。ところが、いつしか、本来の使命を忘れ、その結果、人々の心は離れ、救いの担《にな》い手《て》でなくなってしまった。これは仏教界の大いなる責任である——

この度、一冊にまとめるにあたり、改めてその自覚を強めた次第です。

おわりにあたり、十年間の執筆にあたり、また、単行本に編集するにあたり、種々のご尽力をいただいた関係各位に心から御礼申し上げます。

【著者紹介】

大塚 日正（おおつか・にっしょう）

昭和14年（1939年）7月12日、東京都に生まれる。

昭和29年（1954年）11月、出家得度し、法華宗（本門流）の僧侶となる。僧名「正信」。

昭和37年（1962年）3月、早稲田大学法学部卒業。その後、法華宗興隆学林に学ぶ。

昭和49年（1974年）6月、法華宗「獅子吼会」会長・導師に就任。僧名「現楠」と改称。

平成13年（2001年）4月、大本山「鷲山寺」第99世貫首に就任。僧名「日正」と改称。大僧正。

平成15年（2003年）8月、法華宗第125代管長に就任。

平成18年（2006年）3月、大本山「鷲山寺」貫首に再就任。

平成20年（2008年）8月、法華宗第129代管長再就任。

平成23年（2011年）4月、大本山「鷲山寺」貫首退任。

著書：『役に立たない命なぞない』『何が大事か日本人』『難有って 有り難い』『心に悔いなく 顔に嬉笑あり』『死ねない時代』他

〈連絡先〉

法華宗「獅子吼会《ししくかい》」

〒161−0035　東京都新宿区中井2−14−1

電話　03−3953−5501（代表）
メール　honbu@shishikukai.or.jp
ホームページ　http://www.shishikukai.or.jp

〈初出誌〉

本書は、月刊『大法輪』（大法輪閣刊）の下記の号に掲載された原稿をもとに、著者が加筆・改訂し、再編集したものです。

・2008年5月号　読み切り法話「共に生きる」
・2010年2月号〜2018年2月号　連載（2ヵ月おき掲載）「リレーコラム 仏教の眼」

生《い》きるとは ──悩《なや》める人《ひと》に届《とど》けたい34のメッセージ

2018年 7月 12日　初版第1刷発行

著　者　大塚日正
発行人　石原大道
印　刷　三協美術印刷株式会社
製　本　東京美術紙工
発行所　有限会社 大法輪閣
〒150-0011 東京都渋谷区東2-5-36 大泉ビル2F
TEL（03）5466-1401（代表）
振替　00160-9-487196番
http://www.daihorin-kaku.com

ISBN978-4-8046-1406-9　C0015